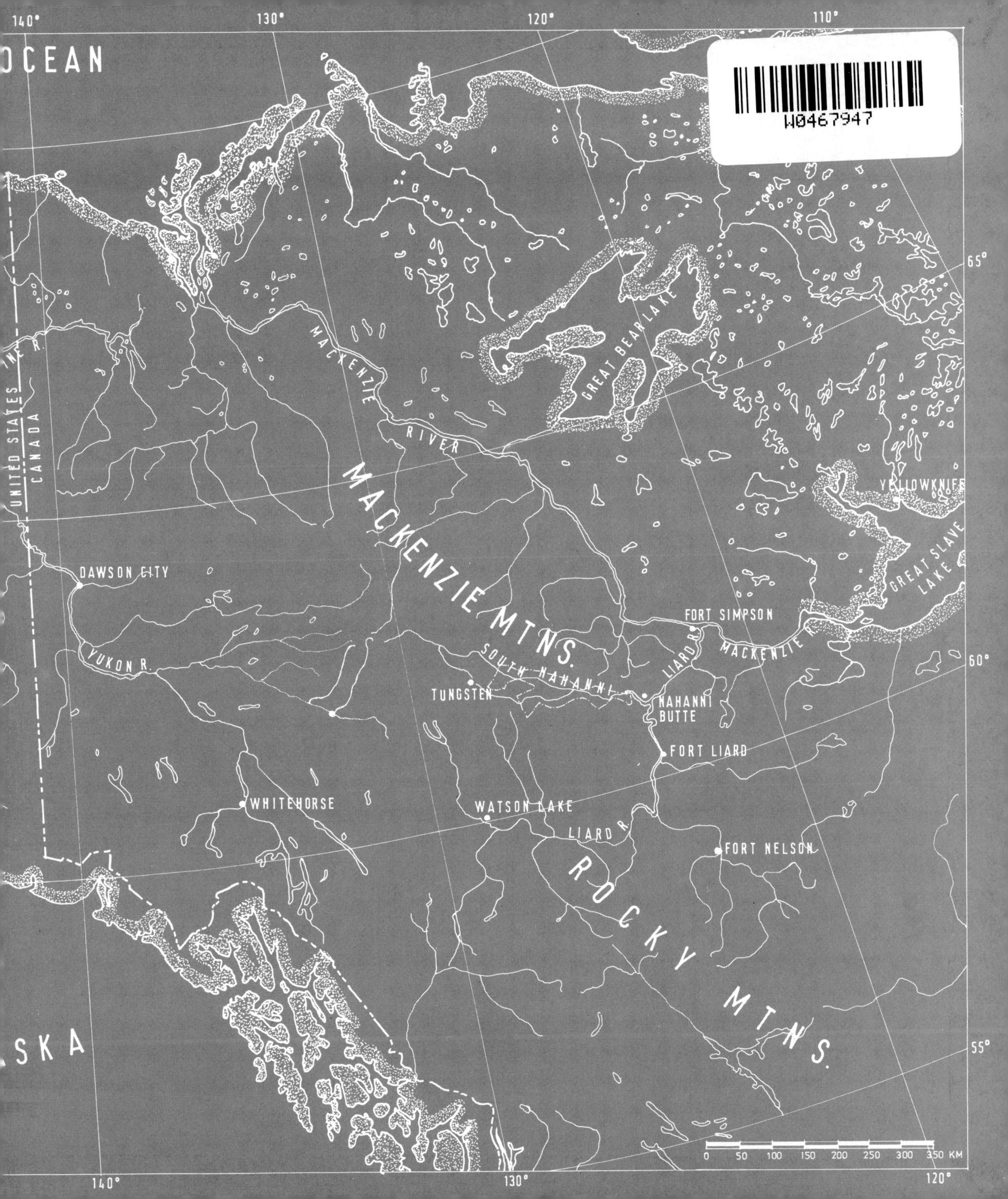
140°
130°
120°
110°
OCEAN
65°
60°
55°
UNITED STATES
CANADA
INE R.
MACKENZIE
RIVER
GREAT BEAR LAKE
YELLOWKNIFE
GREAT SLAVE LAKE
MACKENZIE MTNS.
DAWSON CITY
FORT SIMPSON
LIARD R.
MACKENZIE R.
SOUTH NAHANNI
TUNGSTEN
NAHANNI BUTTE
YUKON R.
FORT LIARD
WHITEHORSE
WATSON LAKE
LIARD R.
FORT NELSON
ROCKY MTNS.
SKA
0 50 100 150 200 250 300 350 KM
140°
130°
120°

Arved Fuchs · South Nahanni

Arved Fuchs

# SOUTH NAHANNI

Kanu-Abenteuer
im Norden Kanadas

Pietsch Verlag Stuttgart

Einbandgestaltung: Siegfried Horn
Kartenzeichnungen: Brigitte Ellerbrock

ISBN 3-613-50036-1

1. Auflage 1986

Eine Abteilung des Buch- und Verlagshauses Paul Pietsch GmbH & Co. KG.

Satz und Druck: Rung-Druck, 7320 Göppingen
Bindung: Großbuchbinderei E. Riethmüller, 7000 Stuttgart 1.
Printed in Germany.

# Inhaltsverzeichnis


**Ein Wort vorab ........................ 7**

**Da ist Gold am Nahanni ............. 13**

Eine abenteuerliche Geschichte 13

**Der Oberlauf.......................... 19**

Moose Ponds – ein Fluß wird geboren 19
Wildwasser 27
Heiße Quellen und wilde Orchideen 39

**Das Hinterland ......................... 43**

Glacier Lake und
The Cirque of the Unclimbable 43
Eine Wanderung durch die Ragged Range 46

**Der Nahanni Nationalpark .......... 55**

Sunblood Mountain 60
Die Virginia Falls 69

**Von den Virginia Falls
zum Deadmen Valley ................ 77**

Hell's Gate 77
Eine Gratwanderung 84
Durch die mittleren Canyons
zum Deadmen Valley 88

**Deadmen Valley........................ 92**

**Der erste Canyon ....................... 101**

George's Riffle 101
Lafferty Creek 106

**Dem Ziel entgegen ..................... 111**

Kraus Hot Springs 111
Die Splits 114

**Anhang .................................. 120**

**DER FLUSS
AUS DER SICHT DES PADDLERS 121**

Anreise 121
Die Frage nach dem Boot 123
Flußdaten auf einen Blick 124
Einsatzpunkte am South Nahanni 125
Jahreszeit 126
Beurteilung der Schwierigkeitsgrade 127
Der Flat River 128
Little Nahanni 129
Wie verhalte ich mich gegenüber Bären 131

**AUSRÜSTUNG 134**

Checkliste 134
Ernährung 136

für

PEER KOCH

# Ein Wort vorab

Nahanni – das Land der Leute von weither. So etwa könnte die Übersetzung des Namens eines Flusses lauten, der längst zu einer Legende geworden ist. Eine Reihe von mysteriösen Zwischenfällen hat dem Fluß einen düsteren Anstrich gegeben. Namen wie »Das Tal der Kopflosen«, »Das Tor zur Hölle« oder »Gebrochener Schädel-Fluß« lassen erahnen, daß sich in dieser abgelegenen Region im Norden Kanadas so manches tragische Schicksal erfüllt hat.

Nahanni – das ist aber nicht nur Legende und gruselige Abenteuer-Romantik, sondern vielmehr eine grandiose, atemberaubende Naturlandschaft der kanadischen Northwest Territories. Gewiß, in einem Land von der Größe Kanadas lassen sich viele ungewöhnliche und äußerst bemerkenswerte Landschaftsformen finden. Unzählige Flußsysteme ermöglichen es dem naturverbundenen Reisenden, Zugang zu Gebieten zu erlangen, die nach wie vor fernab jeglicher Zivilisation liegen. Was in der technisierten Welt die Autobahnen sind, das sind im kanadischen Busch die Flüsse. Und jeder dieser Flüsse hat seinen besonderen Charakter mit den ihm eigenen Problemstellen und Naturschönheiten. So muß man sich als unbefangener Betrachter die Frage stellen, ob der South Nahanni nicht nur ein Fluß unter vielen ist, der lediglich durch eine Verkettung von Unglücksfällen und abenteuerlichen Geschichten zu einem überregionalen Bekanntheitsgrad gekommen ist. Mit dieser schlichten Einschätzung des Flusses würde man seinem wahren Charakter in keinster Weise Rechnung tragen. Der South Nahanni weist eine überwältigende Fülle an Naturschönheiten auf, die selbst in einem Land der Superlative, wie Kanada es unbestreitbar ist, einzigartig sind. Dies war immerhin Grund genug für die Kanadier, einen Teil des Flusses zum Nationalpark zu erklären. Die Unesco ging sogar noch einen Schritt weiter und nahm den Park in ihre World Heritage List auf, in der nur Landschaften mit einem einzigartigen geologischen Aufbau enthalten sind.

Wer je den South Nahanni in ganzer Länge befahren hat, wird sich nur schwerlich der Faszination, die von diesem Fluß ausgeht, entziehen können und wollen. Die wild-romantische Landschaft regt die Phantasie an, und so ist es denn nur allzu verständlich, daß sich im Laufe der Zeit die unterschiedlichsten Legenden um diesen Fluß gerankt haben.

Die Beschreibungen oder Berichte, die es über den South Nahanni gibt, werden seinem Charakter in den meisten Fällen nicht gerecht. Die Gefahren einer Befahrung werden oftmals heillos übertrieben und der Fluß selbst als verschlagen und tückisch dargestellt, so als ob er jedem menschlichen Wesen nach dem Leben trachte. Dabei gibt es keine Zweifel, daß es, rein wassertechnisch gesehen, wesentlich schwierigere und anspruchsvollere Flüsse in Kanada gibt. Nicht der Fluß in seiner Gesamtheit ist gefährlich, sondern lediglich einige Stellen sind es.

Die Hauptgefahr ist aber wohl bei dem Reisenden selbst zu suchen. Unzulängliche Ausrüstung, hoffnungslose Selbstüberschätzung oder draufgängerische Wichtigtuerei lassen manche Flußbefahrung ein fatales Ende finden. Nur wer eine gute Portion Sensibilität und den nötigen Respekt für diese urwüchsige Landschaft mitbringt, wird auch den uneingeschränkten Lohn dafür erhalten. Der South Nahanni hat für uns, die wir den Fluß von der Quelle bis zur Mündung befahren haben, seinen Schrekken gänzlich verloren. Wir waren schließlich auch nicht auf der Suche nach materiellen Reichtümern, wenngleich das Vermächtnis der mysteriösen Goldmine allgegenwärtig war. Unser erklärtes Ziel war stille Beobachtung und Wiedergabe der Eindrücke, die wir im Verlauf der Expedition sammeln würden. In der Natur lesen und lernen, sowie das Erlernte möglichst realistisch weiter zu vermitteln, war unsere Aufgabenstellung. Diesem Ziel möchte ich mit vorliegendem Buch entsprechen. Der South Nahanni ist nur schwer zugänglich, und somit wird er glücklicherweise kaum dem Schicksal anderer Nationalparks folgen, die vom Massentourismus überflutet werden. Der Nahanni ist und bleibt eine urwüchsige Region, die dem sportlich ambitionierten Naturliebhaber vorbehalten bleibt. Denjenigen aber, die die nötige Erfahrung und Sensibilität mitbringen und die gewillt sind, außer ihren Fußstapfen nichts am Fluß zurückzulassen, möchte ich den South Nahanni empfehlen. Der South Nahanni ist eben mehr als nur irgendein Fluß im Norden Kanadas!

**Der Cirque of the Unclimbable vom South Nahanni aus gesehen.**

Wildwasser total. Joey (vorn im Boot) und Jeff passieren eine Stromschnelle im Oberlauf des Nahanni.

**Mitternächtlicher Vollmond über den Ragged Range (oben rechts). Über einen kleinen, verwachsenen Nebenfluß des Nahanni gelangt man zu den ersten Hot Springs in der Nähe der Moore's Cabin (darunter).**

# Da ist Gold am Nahanni

## Eine abenteuerliche Geschichte

Als im Jahre 1905 die beiden Brüder Willie und Frank McLeod verkündeten, daß sie in das Nahanni-Gebiet ziehen würden, um dort nach Gold zu schürfen, regte dies zunächst einmal niemanden auf. Die beiden Brüder hatten nahezu eine indianische Erziehung genossen, strotzten vor Kraft und Gesundheit und waren darüber hinaus mit all den Attributen ausgestattet, die einen Waldläufer auszeichnen, nämlich Ausdauer, Geduld, Härte gegen sich selbst und der Fähigkeit, sich aus dem Busch zu ernähren. Bereits zwei Jahre zuvor hatten sie eine abenteuerliche Odyssee durch den kanadischen Norden unternommen, in deren Verlauf sie schließlich einen kleinen Bach erreichten, der in den Flat River mündete. Der Flat River wiederum darf als der bedeutendste Nebenfluß des South Nahanni bezeichnet werden. Die McLeod-Brüder waren nicht etwa auf gut Glück an diesen Bach gezogen, sondern sie folgten dabei dem Lageplan, den ein alter Slavey-Indianer dem Vater der McLeod-Brüder gegeben hatte. Dieser Lageplan sollte der Schlüssel zu dem Geheimnis einer sagenhaften Goldmine der Cassiar-Indianer sein, über die zuvor schon viel spekuliert worden war. Die McLeod-Brüder tauften den Bach auf den verheißungsvollen Namen »Gold Creek« und machten sich daran, Gold zu waschen. Hölzerne Kästen, die offensichtlich von den Indianern dazu verwendet worden waren, Gold aus dem Flußbett herauszuwaschen, zeugten von früheren Aktivitäten und ließen bei den McLeod-Brüdern das Gefühl zur Gewißheit werden, endlich an der richtigen Stelle zu sein. Der anfängliche Eifer erhielt aber bald einen Dämpfer, denn das, was dort in mühevoller Arbeit an Gold herausgewaschen wurde, reichte gerade aus, um eine Medizinflasche gegen Zahnschmerzen zu füllen. Entweder waren die Indianer ihnen zuvorgekommen und hatten das Gold bereits herausgewaschen, oder aber sie suchten schlicht an der falschen Stelle. Da die beiden Brüder bereits lange unterwegs waren und sich zudem der Sommer langsam dem Ende neigte, bauten sie aus den indianischen Waschtrögen ein primitives Boot, mit dem sie den Flat River bis hin zum Nahanni und von dort aus weiter bis zum nächsten Handelsposten befahren wollten. An einer brutalen Stromschnelle, die heute den Namen »The Cascade of the Thirteen Steps« trägt, scheiterten die Männer mit ihrem primitiven Boot und mußten froh und glück-

**Oben: Ein Gewitter zieht auf. Bei starken Regenfällen kann der Fluß sehr schnell ansteigen und über die Ufer treten. Ausrüstungsgegenstände und Boote müssen daher rechtzeitig in Sicherheit gebracht werden.**
**Unten: Der Glacier Lake**

lich sein, daß sie noch einmal mit dem Leben davongekommen waren. Außer einem Gewehr und einigen Schuß Munition hatten sie ihre gesamte Ausrüstung verloren, einschließlich der so mühselig gefüllten Arzneiflasche mit Gold. Was blieb ihnen anderes übrig, als zurück zum Gold Creek zu gehen, um sich dort aus den noch verbliebenen Holzkisten ein neues Boot zu bauen. Um wenigstens nicht gänzlich mit leeren Händen nach Hause zu kommen, verwendeten sie noch ein wenig Zeit darauf, erneut Gold zu waschen und fuhren schließlich, dieses Mal erheblich vorsichtiger, den Flat River hinunter. An den gefährlichsten Stellen treidelten sie ihr Boot und erreichten schließlich den Nahanni, den sie ebenfalls ohne weitere Zwischenfälle befuhren. Doch ließ ihnen der Gold Creek fortan keine Ruhe mehr. Das bißchen Gold, das sie gefunden hatten, konnte schließlich noch nicht die reiche Goldmine sein, von der der alte Indianer einst berichtet hatte. Es mußte dort oben also noch mehr, viel mehr Gold liegen, und so war es nur allzu verständlich, daß Willie und Frank McLeod im Jahre 1905 erneut loszogen, um endlich die reiche Bonanza zu finden. Ihnen schloß sich noch ein dritter Mann an, dessen Name nicht richtig überliefert worden ist. Keiner ihrer Angehörigen machte sich Gedanken, als sie weder im Herbst noch im Winter nach Fort Liard zurückkehrten. Man vermutete ganz einfach, daß sie fündig geworden waren, sich eine Blockhütte gebaut hatten und vor Ort überwinterten. Nachdem allerdings auch im folgenden Herbst und Winter keiner der drei Männer auftauchte, stellte ihr Bruder Charlie McLeod im Jahre 1908 eine kleine Suchtruppe zusammen, um seine vermißten Brüder zu finden. Tatsächlich brauchten sie gar nicht allzu lange zu suchen. In einem breiten Tal, das zwischen dem zweiten und ersten Canyon des Nahanni liegt, stießen sie auf den letzten Lagerplatz der McLeod-Brüder. Inmitten des Lagers fanden sie zwei Skelette, die sie anhand der Ausrüstungsgegenstände und Kleidung als die von Willie und Frank McLeod identifizieren konnten. War das Auffinden der Leichen schon tragisch genug, so wurde dieser Umstand noch dadurch verschlimmert, daß beiden Leichen die Köpfe fehlten. Der dritte Mann, der mit den McLeod-Brüdern ausgezogen war, blieb verschwunden. Innerhalb kürzester Zeit entstanden die wildesten Gerüchte über den Tod der McLeod-Brüder, so daß sich heute nicht mehr mit Sicherheit feststellen läßt, wie man die Leichen tatsächlich vorfand. Einige Gerüchte wollen wissen, daß die Leichen der McLeod-Brüder an Bäume gefesselt waren, wobei wiederum die Köpfe fehlten. Eine zugegebenermaßen abenteuerliche, aber wenig glaubwürdige Version. Wahrscheinlicher scheint da schon die Darstellung zu sein, wonach man die beiden Leichen in ihren Schlafsäcken fand. Auch hier heißt es, daß den Leichnamen die Schädel fehlten. Aus diesem bedauerlichen Umstand zogen einige Voreilige sofort den Schluß, daß blutrünstige Wilde, ja sogar Kopfjäger ihr Unwesen entlang dem Nahanni treiben müßten. Das Tal, in dem man die McLeod-Brüder gefunden hatte, erhielt den düsteren Namen »Deadmen Valley«, zu deutsch: »Das Tal der toten Männer«. Doch damit nicht genug: Eine angrenzende Bergkette erhielt den Namen »Headless Range«, zu deutsch: »Die Bergkette der Kopflosen«, und eine andere wurde auf den Namen »Funeral Range«, was soviel heißt wie »Begräbnisberge«, getauft. Die tatsächliche Todesursache der McLeod-Brüder ließ sich später nicht mehr genau feststellen. Die Gründe dafür können ebenso vielfältig wie unterschiedlich sein, so daß der fehlende dritte Mann als Mörder ebenso in Betracht gezogen werden muß wie etwa ein schlecht gelaunter Grizzly-Bär. Ebenso denkbar ist es aber auch, daß der Tod gänzlich ohne Gewalteinwirkung eintrat und die McLeod-Brüder ganz einfach verhungert sind. So hatten sie für ihre Expedition lediglich 50 Pfund Mehl und fünf Pfund Tee von Fort Liard mitgenommen. Auch den erfahrensten Jäger kann das Jagdglück einmal verlassen und ihn schließlich maßgeblich schwächen. Es gibt viele

**Die wilde, unberührte Landschaft auf beiden Seiten des Nahanni lädt immer wieder zu ausgedehnten Wanderungen ein. Blick über die Headless Range**

Möglichkeiten, im kanadischen Norden sein Leben zu verlieren. Ein weiterer Aspekt ist die brutale Kälte, die dort in den langen Wintermonaten herrscht. Temperaturen von 50 Grad Celsius unter Null sind keine Seltenheit, und wer ähnliches schon einmal erlebt hat, weiß, wie schmal der Grat des Lebens ist, auf dem man dort wandert. »Aber die fehlenden Köpfe?« könnte nun ein Skeptiker einwenden. »Man verliert doch schließlich nicht so mir nichts dir nichts seinen Kopf?« Auch hierfür kann es eine plausible Erklärung geben. Die Nahanni-Region ist voll von Bären, Grizzlies wie auch Schwarzbären. Diese Tiere verfügen über eine ausgesprochen feine Nase und würden einen Verwesungsgeruch auch über weite Strecken hinweg wahrnehmen können. Des weiteren gibt es das Vielfraß, eine von allen gefürchtete Marderart, die wie die Bären gegebenenfalls auch Aas frißt. Der Kopf wird nun einmal meistens aus dem Schlafsack herausgucken und ist somit am leichtesten zugänglich. Es ist also durchaus denkbar, daß sich eines dieser Tiere der Schädel bemächtigte, sie fortschleppte und öffnete, um an das Hirn heranzukommen, das gerade im Zustand der Verwesung einen besonders intensiven Geruch verströmt.

Die Hintergründe, die zum Tod der McLeod-Brüder führten, werden letztlich niemals geklärt werden können, und es dürfte heute – rund 80 Jahre später – wohl auch recht belanglos sein. Weniger belanglos hingegen ist die Frage, ob es den beiden Brüdern gelungen war, die sagenhafte Goldmine erneut zu finden. Ein Stück Holz, auf dem einer der beiden Brüder mit einem Messer eingeritzt hatte: »We found a good prospect« – »Wir haben eine gute Mine gefunden« – scheint darauf hinzuweisen. Die Gerüchte um die besagte Goldmine vermehrten sich nach dem Tod der beiden Brüder um so schneller. Ungeachtet des schaurigen Schicksals ihrer Vorgänger, zog es weitere goldhungrige Abenteurer zum South Nahanni, und viele von ihnen sollte ein ähnliches Schicksal erwarten wie das der McLeod-Brüder.

Im Jahre 1910 wurde die Leiche eines gewissen Jorgensson gefunden. Sein Partner Poole Fields fand ihn als Skelett in den Resten seiner vollständig niedergebrannten Blockhütte liegend. Im Jahre 1926 war es eine Frau, Annie Laferté, und zwei Jahre später ein Goldsucher mit Namen Fisher, denen die Suche nach dem großen Glück zum Schicksal wurde. Beide verschwanden spurlos. 1929 sollte Hull zum letzten Mal von seinen beiden Partnern Gilroy und Hay gesehen werden. Auch er blieb für alle Zeit verschwunden. 1931 zog ein gewisser Phil Powers den Nahanni und später den Flat River hoch, um das Versteck der McLeod-Brüder ausfindig zu machen. Als auch er nicht zur angekündigten Zeit zurückkehrte, sandte man im Jahre 1932 eine Gruppe von Männern aus, die ihn aufspüren sollte. Man fand seine Hütte und auch sein verkohltes Skelett. Konnte man zunächst auch hier von einem Unfall ausgehen, so ließ doch ein Fund den Vorgang in einem anderen Licht erscheinen. Alle Zeichen sprachen dafür, daß das Feuer im Winter des Jahres 1931 stattgefunden hatte. An einem der Bäume war allerdings ein Stück Papier festgenagelt, auf dem die Worte standen: »Phil Powers finished august 1932«, zu deutsch: »Phil Powers starb im August 1932«. Es konnte niemals geklärt werden, wer der Verfasser war.

In den 30er Jahren erreichte die Wirtschaftskrise in Kanada ihren traurigen Tiefstand. Der Preis für Gold war verlockend hoch, und so zog es immer mehr verzweifelte Menschen, darunter auch einige Städter, die den rauhen Norden zum ersten Mal sehen sollten, in den Busch. Für einige von ihnen wurde es eine Fahrt ins Verderben. Auch am Nahanni erhöhte sich die Liste der Opfer. Im Jahre 1936 verschwanden Eppler und Mulholland und wurden nie wieder gesehen. 1949 verhungerten Holmberg und Shebbach am Cariboucreek, einem kleinen Seitenfluß des Flat River. Ein später aufgefundenes Tagebuch verkündete der Nachwelt das schaurig-langsame Sterben der beiden Männer, die erst nach 42 Tagen vom Tod erlöst wurden.

Andere Männer reihten sich in die Liste der Verschollenen oder Toten des Nahanni ein. Mitte der 60er Jahre ereilte das Schicksal drei Schweizer, die sich zum Nahanni hatten einfliegen lassen und die offensichtlich ein Opfer des Hell's Gate – des Höllentores – wurden. Auf jeden Fall fand eine Suchtruppe die Überreste ihres Kanus an der besagten Stelle, sowie einen unkenntlich gewordenen Leichnam ein gutes Stück flußabwärts. Von den beiden anderen fehlte jede Spur. Und auch im Jahre 1983, also ein Jahr vor unserer Flußbefahrung, starb eine Frau am Oberlauf des Nahanni. Sie war an einer der Stromschnellen gekentert und vermutlich infolge Bewußtlosigkeit ertrunken. Wir fanden ihr Kanu, das vor Ort zurückgelassen wurde, sowie die Lichtung, die von den übrigen Expeditionsteilnehmern aus dem Wald herausgeschlagen worden war, um den Leichnam mit einem Hubschrauber abbergen zu können. Diese kanadische Gruppe mußte den Leichnam der Frau, gut gesichert vor dem Zugriff von Tieren, zurücklassen und den Fluß so lange hinunterfahren, bis sie schließlich am Eingang des Nationalparks auf einen Parkwarden stießen, der über Funk die Bergung organisieren konnte.

Solange es Paddler gibt, die ohne Helm und Schwimmweste in eine der Stromschnellen hineinfahren, oder die ganz einfach ihre paddlerischen Fähigkeiten überschätzen, solange wird es auch weitere Opfer am Nahanni geben. Es gibt weder blutrünstige Indianer noch kopfjagende Phantome am South Nahanni. Alle diese Todesfälle haben sicherlich einen realen Hintergrund und lassen sich ohne Hokuspokus erklären. Aber die gruselige Geschichte von den Hütern der Goldmine, die jedem, der ihr zu nahe kommt, kurzerhand den Kopf abschlagen, läßt sich am abendlichen Lagerfeuer natürlich viel schöner und malerischer erzählen. Die Männer, die allen Gerüchten zum Trotz zum Nahanni zogen und tatsächlich zurückkehrten, galten als Haudegen erster Ordnung und als Männer, die weder Tod noch Teufel fürchteten. Wieder andere verbrachten nahezu ihr ganzes Leben am South Nahanni, und das, ohne ihren Kopf zu verlieren, allerdings auch ohne die McLeod-Mine zu finden. Einer von ihnen, Albert Faille, verbrachte rund 40 Jahre am Fluß und fuhr selbst im hohen Alter von 80 Jahren noch mit selbstgebauten Booten den Nahanni flußaufwärts. Albert Faille ist mindestens genausowenig aus der Geschichte des South Nahanni fortzudenken wie die beiden McLeod-Brüder. Wenn dort am Nahanni also tatsächlich irgendwelche mysteriösen Gralshüter am Werke waren, warum haben sie gerade ihn, den »grand old man« des South Nahanni, der stets allein unterwegs und sein Leben lang auf der Suche nach der Goldmine war, verschont? Auch R.M. Patterson, der in seinem Buch »The dangerous River« den Nahanni eingehend beschreibt, hat lange Zeit dort zugebracht und ist stets wohlbehalten zurückgekehrt. Ein weiterer, Gus Kraus, hat viele Jahre mit seiner Frau an den Hot Springs des Nahanni gelebt. Sie alle glaubten zwar an das Vorhandensein der Goldmine, alle anderen Gerüchte taten sie hingegen mit einem entschlossenen »Bull shit« – »Mist« – ab. Gus Kraus lebt heute mit seiner Frau am Little Doctor Lake, da ihm der Rummel, wie er sagt, am Nahanni zu groß geworden ist. Albert Faille starb vor einigen Jahren in hohem Alter in seinem Haus in Fort Simpson. Patterson wohnte zuletzt auf Vancouver Island.

So wahrt der Nahanni bis zum heutigen Tag das Geheimnis um die Goldmine. Doch ist es nicht das Gold, das den Nahanni so reich macht. Seine wahre Bedeutung, sein eigentlicher Wert liegt in der unberührten Natur, die sich gerade hier so vielgestaltig und in vollendeter Schönheit präsentiert. Und dies ist denn auch wohl das eigentliche Vermächtnis des Albert Faille, nicht die Suche nach dem Reichtum also, sondern die Liebe zur Natur – die Suche nach dem Gold mag manchem Waldläufer nur als Rechtfertigung dafür gedient haben, alljährlich erneut die schäumenden Ufer des Nahanni aufzusuchen.

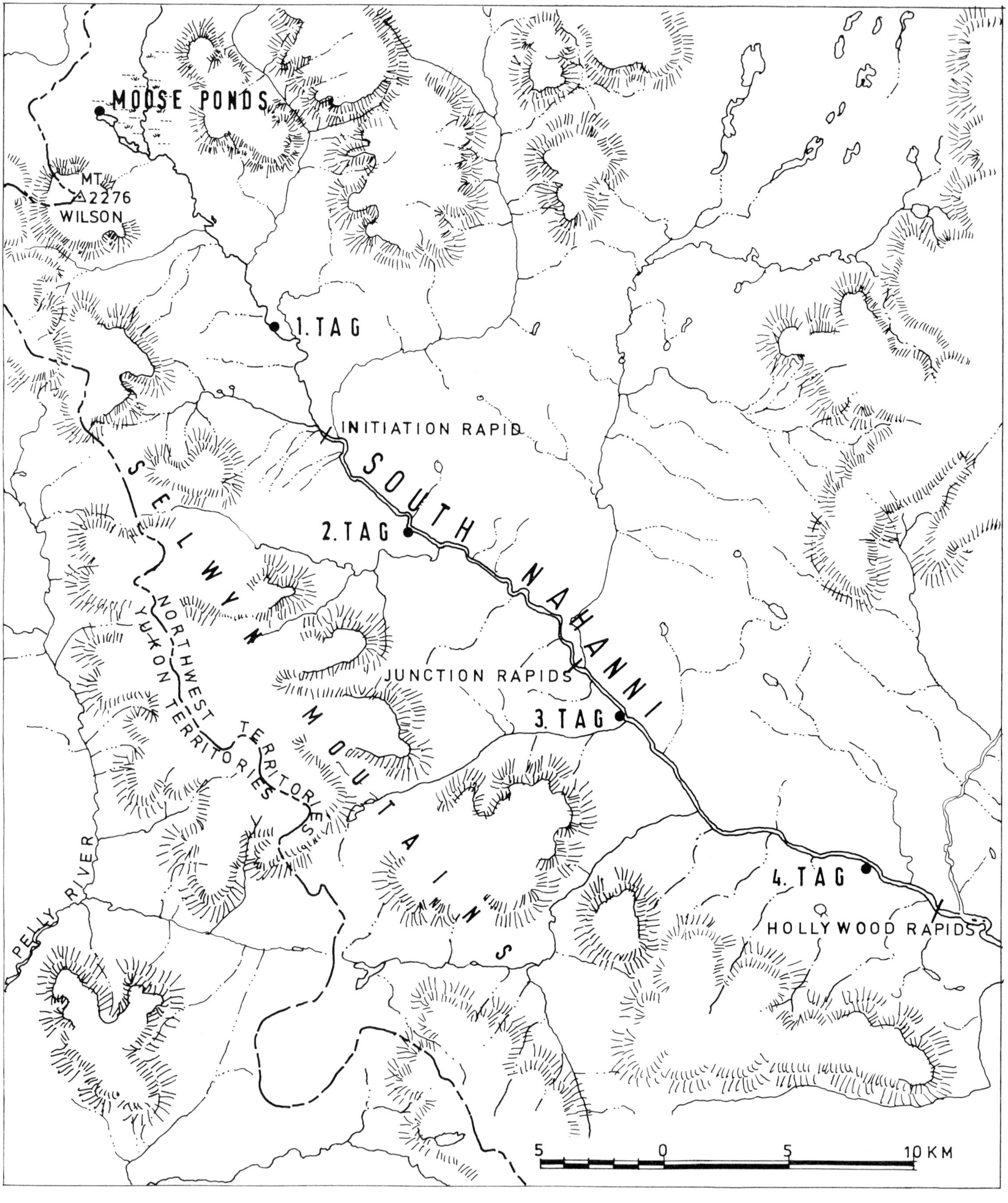

MOOSE PONDS
MT. 2276 WILSON
1. TAG
INITIATION RAPID
SOUTH NAHANNI
2. TAG
SELWYN MOUNTAINS
NORTHWEST TERRITORIES
YUKON TERRITORIES
JUNCTION RAPIDS
3. TAG
4. TAG
HOLLYWOOD RAPIDS
PELLY RIVER
5 0 5 10 KM

# Der Oberlauf

## Moose Ponds – ein Fluß wird geboren

Urs Schildknecht kratzt sich mißmutig am Hinterkopf. In seinen verdreckten Gummistiefeln, den abgewetzten Jeans und dem offenen Hemd entspricht er nicht im entferntesten den Vorstellungen, die ein Mitteleuropäer vom Manager einer Fluggesellschaft hat. Und doch ist er Manager und Pilot in einer Person. Urs ist der Eigentümer von Liard Air Ltd., einer kleinen Gesellschaft mit einigen Flugzeugen, die ihren Sitz in Fort Liard am gleichnamigen Fluß hat. Anlaß für seinen zur Schau getragenen Unmut sind die Packsäcke, die wir aus unserem Truck herauszerren und nacheinander auf eine bereitstehende Waage legen. Pedantisch notiert Urs das Gewicht jedes einzelnen Ausrüstungsgegenstandes, und je länger seine Liste wird, desto häufiger harkt er sich mit dem Bleistiftende durch die Haare. Unser Eigengewicht, die Boote sowie die Ausrüstung dürfen ein Gesamtgewicht von 500 Kilogramm nicht überschreiten, wie uns Urs glaubhaft versichert hat. Das ist für eine vierwöchige Expedition, bestehend aus vier Personen, nicht gerade großzügig bemessen. Die Waage und der strenge Blick von Urs machen unsere Hoffnungen, daß alle unsere Freßpakete im Flugzeug noch Platz finden könnten, zunichte. Obwohl Urs, wie er uns versichert, bereits schon beide Augen zugedrückt hat, kommen wir nicht umhin, an die 30 Kilogramm auszusortieren. Da hilft es auch nichts, besonders schwere Gegenstände in die Hosentasche zu stecken, denn auch wir werden nacheinander auf die Waage geschickt, und unser Gewicht wird notiert. Schließlich wollen wir ja auch den Bestimmungsort unseres Fluges erreichen, und so sind wir an diesem Tage bis spät in die Nacht damit beschäftigt, um- und auszusortieren, bis wir schließlich die zulässigen 500 Kilogramm lediglich um ein vertretbares Maß überschritten haben. Urs ist zufrieden mit uns. Sein skeptischer Blick weicht einem breiten Lachen, und kurze Zeit später werden wir von seiner Frau mit selbstgebackenem Kuchen bewirtet.

Früh am nächsten Morgen, dem 9. Juli, fahren wir die abgewogene Ausrüstung hinunter zum Liard, wo an einem Steg ein knallrotes Wasserflugzeug vom Typ Beaver bereitsteht. Urs wird heute nun doch nicht fliegen, wie er uns kurz mitteilt, sondern diesen Flug seinem fest angestellten Piloten überlassen. »Ob das wohl mit dem Übergewicht zusammenhängt?« schießt es mir durch den Kopf. Egal – wir fangen an, die Beaver zu beladen. Die beiden Kanus sind so gewählt, daß sie genau ineinanderpassen, und in dieser Weise werden sie auf dem linken Schwimmer des Flugzeuges von Urs und dem Piloten festgezurrt. Urs ist in ausgelassener Stimmung. Kein Wunder, soeben haben wir ihm 1475 Dollar gegeben, soviel kostet nämlich das Einfliegen zum Quellsee des South Nahanni. Der Pilot runzelt

**Der Ausgangspunkt der Expedition in Fort Liard. Mit diesem Flugzeug vom Typ Beaver fliegen wir in drei Stunden zu den Moose Ponds.**

nachdenklich die Stirn, als er die tief im Wasser liegenden Schwimmer des Flugzeuges sieht, und als ob er dessen Sorgen ahnt, schlägt ihm Urs lachend auf die Schulter und sagt: »As long as it floats, it'll fly!« (zu deutsch: »Solange es schwimmt, fliegt es auch!«).

Urs behält recht. Nach einer schier endlosen Anlaufzeit auf dem schlammigen Liard, während der Pilot wie in einem Autoscooter herantreibenden Baumstämmen ausweicht, die offensichtlich darauf aus sind, unser Flugzeug zu versenken, hebt das Flugzeug endlich mit ohrenbetäubendem Brummen ab, setzt noch einmal kurz klatschend mit den Schwimmern auf dem Fluß auf, um dann schließlich endgültig an Höhe zu gewinnen. »Airborne!« brüllt mir der Pilot freudestrahlend zu und drosselt, nachdem wir eine gewisse Höhe erreicht haben, ein wenig den Motor. Ich sehe mir den Piloten jetzt genauer an. Wenn es jemals irische Einwanderer in Kanada gegeben hat, dann müssen er oder zumindest seine Eltern es gewesen sein. Rote Haare, rote Bartstoppeln, ein kantiges Gesicht und eine kräftige Statur – er würde in jeden irischen Pub hineinpassen, ohne auch nur im geringsten als Ausländer erkannt zu werden. In einem weiten Bogen schlägt er nun ei-

**Blick aus dem Flugzeug auf die Ragged Range**

nen nördlichen Kurs ein und fliegt über eine wilde und unbewohnte Gebirgsregion unserem Ziel, dem Quellsee des South Nahanni, entgegen. Mit dem Zeigefinger weisen wir uns gegenseitig auf interessante Bergformationen oder Flüsse hin, eine andere Verständigung ist bei dem ohrenbetäubenden Lärm nicht möglich. Da ich der Schwerste von uns vieren bin, darf ich aus Gründen der Balance neben dem Piloten sitzen, während meine Freundin Brigitte sowie unsere beiden amerikanischen Freunde Jeff und Joey aus Atlanta in der hinteren Reihe sitzen.

Jeff und Joey waren mitsamt den Booten und der Ausrüstung den weiten Weg von Atlanta/Georgia nach Calgary hochgefahren und hatten uns dort am Flughafen abgeholt. Wir bildeten zwei Teams: Jeff und Joey in dem einen Boot und Brigitte und ich in dem anderen. Nachdem wir gut eingespielt waren, fuhren wir den Alaska Highway Richtung Norden, bis nach Fort Nelson und bogen dort auf den erst kürzlich eröffneten Liard Highway ab, der uns schließlich nacht Fort Liard bringen sollte. Geplant hatten Jeff und ich diese Expedition bereits vor zwei Jahren. Damals hatten wir uns in Tungsten an der Quelle des Flat River kennengelernt und gemein-

**Links: Nach einer letzten Schleife setzt der Pilot zur Landung an. Im Vordergrund die Moose Ponds – die Quellseen des South Nahanni. Hier beginnen wir unsere Flußbefahrung. – Rechts: Der South Nahanni im Oberlauf aus dem Flugzeug gesehen.**

sam eine ausgedehnte Bergtour in den Ragged Range unternommen. Beide hatten wir viel über den Nahanni gehört und gelesen, und so kamen wir kurzentschlossen überein, eine Flußbefahrung zu planen.

Gesagt, getan, Jeff übernahm einen Großteil der Vorbereitung, da ich mich im Frühjahr 1985 noch auf der Kap Hoorn-Expedition befand und mir zwischen Kap Hoorn und dem South Nahanni lediglich knappe drei Wochen blieben, um mich auf die neue Unternehmung vorzubereiten. Und jetzt ist es endlich soweit. Gespannt sehen wir die unterschiedlichen Landschaftsformationen unter uns vorbeiziehen, reißende Wildbäche, die in die Täler stürzen, schroffe Felswände, die teilweise höher als unsere Flughöhe sind, und dichte Regenwolken, die unser Flugzeug erbärmlich hin und her werfen. »Dark River of Fear« – »Schwarzer Fluß der Angst« - wurde der Nahanni oft genannt. Und zugegebenermaßen wirkt die Landschaft durch den wolkenverhangenen Himmel düster und unnahbar. Das letzte Stück des Fluges fliegen wir genau entlang dem Flußlauf des Nahanni und können tief unter uns lange, schäumende Wildwassersektionen sehen, die selbst aus

**Oben: Als kleiner, schilfbewachsener Bach verläßt der Nahanni die Moose Ponds. – Rechts: Mächtig erhebt sich über dem See der Mount Wilson.**

unserer Höhe nachhaltigen Eindruck vermitteln. Schließlich weichen die Berge zur Seite aus, ein Tal wird sichtbar, das von einem einzigen hohen Berg, dem Mt. Wilson, beherrscht wird. Unter uns liegen einige kleine Seen, die untereinander verbunden sind und schließlich in einen kleinen, von Büschen umsäumten Fluß münden. Unter uns liegen die Moose Ponds – die Elchteiche. Sanft setzt der Pilot die Maschine aufs Wasser, fährt an eine morastige Insel heran, und innerhalb weniger Minuten türmen sich unsere Ausrüstungsgegenstände auf dem regenschweren Moos. Mit einem letzten »Good luck« und einem eindringlicheren »Take care« klettert der Pilot wieder in seine Beaver, gibt Vollgas, und während er abhebt und langsam in der dichten Wolkendecke verschwindet, bricht über uns ein Wolkenbruch herein, der uns eiligst in unsere Regenkleidung steigen läßt. Trotz des Regengusses beladen wir die Boote provisorisch und fahren zu einer etwas höher gelegenen Landzunge, wo wir festen Untergrund vorfinden, auf dem wir unsere Zelte aufschlagen können. Brennholz gibt es wenig, doch es reicht, um ein kleines Feuer anzuzünden und den ersten heißen Kaffee im Busch zu brauen.

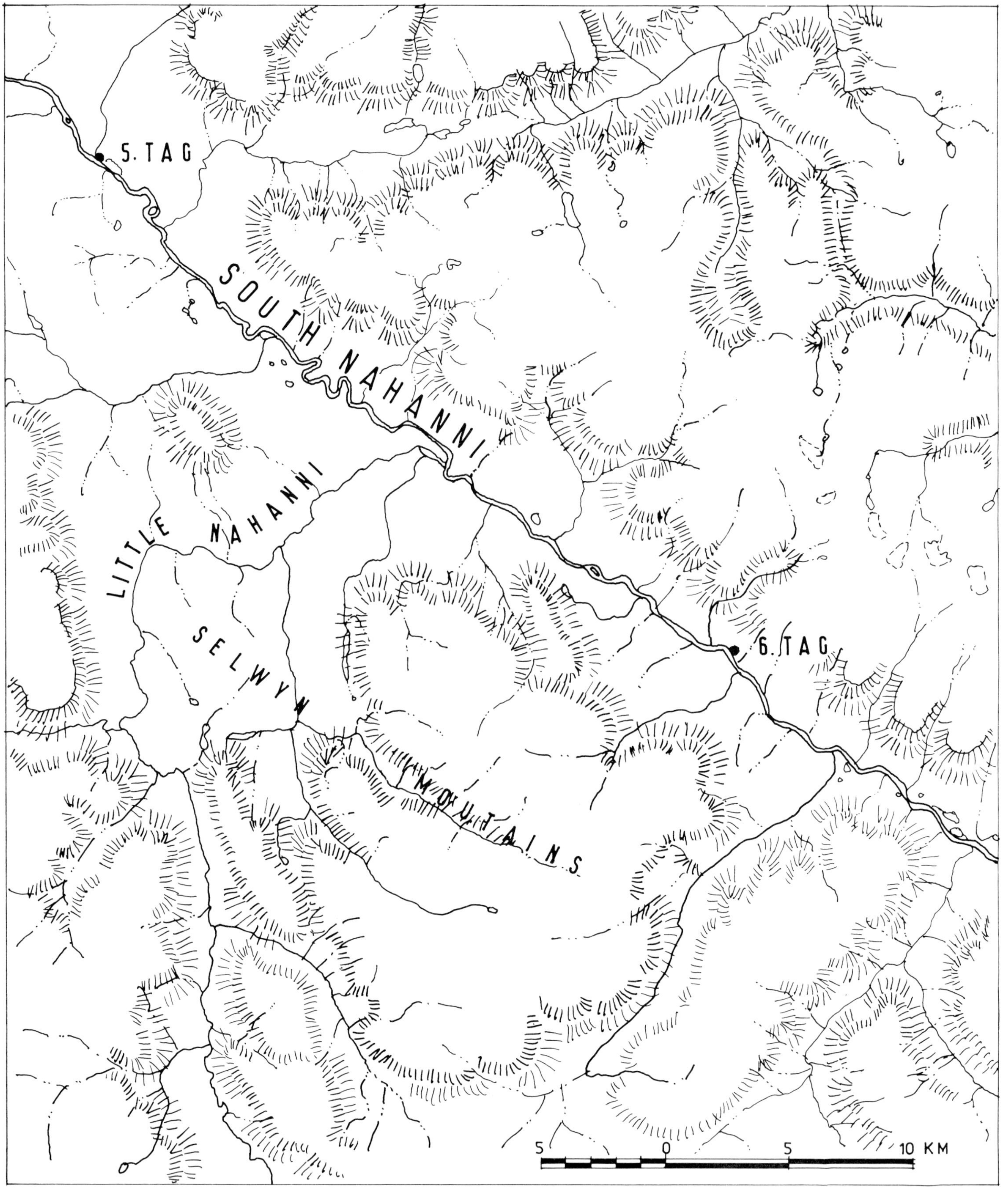

5. TAG
SOUTH NAHANNI
LITTLE NAHANNI
SELWYN
MOUTAINS
6. TAG
5
0
5
10 KM

## Wildwasser

Den Vormittag des nächsten Tages verbringen wir mit Ordnen und Sortieren der Ausrüstungsgegenstände, um sie schließlich den beiden Booten zuzuordnen. In der Mitte der Boote sind jeweils große Kanusäcke befestigt, die die wasserdicht verpackten Ausrüstungsgegenstände aufnehmen und die schließlich mit einem Reißverschluß verschlossen werden können, so daß im Falle einer Kenterung nichts davonschwimmen kann, sondern stets kompakt im Boot liegenbleibt. Diese Kanusäcke bewähren sich hervorragend. Wer schon einmal mit einem voll beladenen Kanu in einer Stromschnelle gekentert ist, weiß, wovon ich rede. Nichts ist ärgerlicher, als auf einem langen Flußtrip hilflos am Ufer stehen zu müssen und zu sehen, wie Kochtöpfe, Schlafsäkke und Schokoladenriegel vielleicht auf Nimmerwiedersehen den Fluß hinuntertreiben. Bei der Vielzahl der Ausrüstungsgegenstände ist es oftmals unmöglich, sie alle aus dem schnell fließenden Wasser zu bergen.

Die Kanus, die wir verwenden, stammen von der amerikanischen Firma Mohawk und sind aus sehr widerstandsfähigem ABS-Material, einem nahezu unverwüstlichen Kunststoff gefertigt. Um die Boote wildwassertauglich zu machen, hatte Jeff aus stabiler Persenning Spritzdecken genäht, die den Booten eine zusätzliche Beweglichkeit ermöglichen. An einigen Stellen würden die Boote sonst hoffnungslos voll Wasser schlagen.

Endlich ist alles verpackt, wir steigen in die Boote und beginnen mit den ersten Paddelschlägen unsere lange Reise. Zu unserer Rechten erhebt sich majestätisch der Mt. Wilson, von dessen ursprünglich geplanter Besteigung wir absehen, da durch die vorangegangenen Regenfälle das Gelände sumpfig und nahezu unpassierbar ist. Wir wissen zudem, daß andere, attraktivere Bergtouren auf uns warten, und somit machen wir uns auf, die Moose Ponds zu verlassen und den South Nahanni zu befahren. Fast haben wir Mühe, unseren Fluß zu finden. Dichtes Ufergestrüpp, Biberburgen und Sumpflandschaften lassen uns den Verlauf nur erahnen. Schließlich finden wir ihn aber doch, den South Nahanni, wenngleich von dem gewaltigen und als so gefährlich beschriebenen Fluß noch nicht viel zu spüren ist. Beinahe fühle ich mich in meine norddeutsche Heimat zurückversetzt. In unzähligen Schleifen windet sich der neugeborene Fluß durch eine Wiesenlandschaft, ist an einigen Stellen so flach und träge, daß wir mit unseren Booten auf Sandbänken auflaufen, und weist dabei nur eine Breite von etwa zwei Metern auf. Fast haben wir das Gefühl, nicht voranzukommen, denn immer wieder führt uns der Flußlauf plötzlich zurück nach Norden, bald nach Osten oder Westen, um endlich unsere eigentliche Reiserichtung, nämlich Süden, einzuschlagen. Wir lassen diesen ersten Tag gemächlich angehen. Schließlich wollen wir den South Nahanni nicht lediglich wie einen Weg beschreiten, sondern für den Verlauf der Reise mit ihm zusammenwachsen, ihn von Grund auf kennenlernen. Das ist auch der Grund gewesen, warum wir ihn von Anfang an von seinem Ursprung aus befahren wollen, und nicht etwa nur einen Teilabschnitt.

Langsam tritt das Tal ein wenig enger zusammen, die fortwährenden Biegungen und Schleifen im Fluß werden weniger, und gespeist durch zahlreiche kleine Bäche, nimmt das Wasservolumen des South Nahanni stetig zu. Er ist jetzt bereits einige Meter breit, ein leichtes Gefälle macht sich bemerkbar, und wir müssen die ersten Felsbrocken, die mitten im Fluß liegen, umfahren. Der Fluß führt für diese Jahreszeit relativ viel Wasser, wie man uns in Fort Liard sagte. Anhaltende Regenfälle können innerhalb weniger Stunden dazu führen, daß der Pegel des Flusses erheblich steigt. Da sich sämtliche umliegenden Gebirgsbäche in den Nahanni entleeren, kann man mitunter am Ufer stehen und beobachten, wie das Wasser steigt; eine Gefahr, die man nicht unterschätzen darf, denn bei anhaltendem Regen, wie es in dieser Region häufig vorkommt, kann der Wasserspiegel schnell um gut einen Meter steigen. Entsprechend umsichtig muß ein Lagerplatz gewählt werden, denn sonst kann es passieren, daß man des Nachts ganz einfach von den Fluten fortgespült wird. Auch jetzt regnet es gelegentlich, dichte Wolkenfelder ziehen vorbei, und ein kühler Wind läßt uns frösteln. Offenbar ist dies genau das richtige Wetter für die Moskitos. In Schwärmen stürzen sie sich auf uns und versuchen allen Ernstes, selbst die dicken Neopren-Schuhe zu durchbohren. Es surrt und schwirrt um uns herum; schlägt man zwei von diesen Plagegeistern auf seinem Handrücken tot, dann steht schon mindestens die dreifache Anzahl von Interessenten bereit, um diesen Platz einzunehmen. Moskitos totzuschlagen ist wahrscheinlich genauso effektiv wie der Versuch, mit einem Schnapsglas den Atlantik leerzuschöpfen. Aber es beruhigt ungemein – Rums! Ein Schlag auf den Schenkel, und schon fallen fünf zermalmte Blutsauger zu Boden. Die stille Hoffnung, daß ihre Brüder doch daraus lernen mögen, erfüllt sich natürlich nicht, und langsam geht die anfängliche Genugtuung über das Jagdglück in eine tiefe Resignation über, und schließlich wischt man sich nur noch die hartnäckigsten Angreifer aus dem Gesicht. Wovon um alles in der Welt mögen diese »Goddamn bugs« – diese gottverdammten Viecher –, wie Jeff sie wenig liebenswürdig zu bezeichnen pflegt, denn nur leben, wenn gerade keine Paddler unterwegs sind? Selbst Tieren sollen die Moskitos gelegentlich so sehr zusetzen, daß sie sich in wilder Flucht ins Wasser stürzen, um ihren Peinigern zu entkommen, und manches Karibu soll bei diesem Versuch in Stromschnellen sogar schon ertrunken sein, wie man mir andernorts erzählt hatte. Lediglich auf dem Wasser haben wir Ruhe vor ihnen. Aber dort erwarten uns schon ihre fliegenden Bundesgenossen, die sich mit tiefem Brummen ebenso blutgierig auf uns stürzen und uns mit ihren scharfen Kiefern zu tranchieren versuchen. Es sind die Bremsen, die Horse flies, oder wie sie respektvoll oftmals bezeichnet werden: die Labrador Bulldogs – zu deutsch: die Labrador Bulldoggen, die uns hartnäckig attackieren. Sie stechen nicht, sondern sie beißen und nehmen, wenn sie ihre Mission erfolgreich beenden können, gleich ein kleines Stückchen Haut mit fort. Zurück bleibt eine blutende, brennende Stelle, die bei der nächsten Pause an Land wiederum das besondere Interesse der Moskitos weckt. Natürlich steht es jedem frei, seine Haut mit Ölen, Salben oder Sprays zu malträtieren, die zumindest für eine kurze Zeit die Moskitos auf Distanz halten. Wenn ich aber auf der Verpackung schon lese, daß diese Mittel hochgiftig sind und Plastik auflösen, dann sagt mir mein unbedarfter Verstand, daß es für meine Haut nun gerade auch kein Balsam sein dürfte. So verzichten wir, wann immer es geht, auf diese Mittel und cremen uns nur in ganz besonders schweren Fällen damit ein. Es ist bereits viel berichtet und erzählt worden über Moskitos, und einige sind sogar der Meinung, daß sie die personifizierte Boshaftigkeit sind, über die sich getrost ein eigenes Buch schreiben ließe. Wie dem auch sei, ich will es bei dieser kurzen Problemerörterung an dieser Stelle belassen und rufe jedem, der sich in den Busch aufmacht, nicht ganz ohne Schadenfreude: Nur Mut! zu. Auch die hartnäckigste Quaddel hört irgendwann einmal auf zu jucken!

Vor einer ersten Serie von leichten Stromschnellen schlagen wir auf einer genügend hoch gelegenen Sandbank unser Lager auf. Leicht verliert man das Gefühl für zeitliche Abläufe, denn jetzt im Juli ist es fast 24 Stunden lang hell. Es wird ein kühler Abend, und so sitzen wir dichtgedrängt um das Lagerfeuer herum und blicken zurück auf den Mt. Wilson, der mit seinen über 2000 Metern Höhe das Gelände weithin sichtbar überragt.

Mit Beginn des nächsten Tages treten wir in das Wildwasserstadium des South Nahanni ein. Gefälle wie Wasservolumen nehmen zu, und aus dem einstigen gewundenen Wiesenbach ist ein reißender Wildfluß geworden. Fast ununterbrochen müssen

**Jeff und Brigitte treffen Vorbereitungen für die Befahrung einer Wildwasserstrecke.**

wir die Boote jetzt durch Steingärten – das sind durch große Felsbrocken verblockte Flußabschnitte – hindurchmanövrieren. Die Schwierigkeiten der Stromschnellen sind mäßig und können mit Klasse I bis II bezeichnet werden. Gegen Mittag erreichen wir eine Stromschnelle, die den Namen Initiation Rapid trägt. Sie besteht aus einer leichten Verengung des Flusses, in der das Wasser mit Vehemenz über einige Absätze hinunterrauscht. Die Stromschnelle ist zwar fahrtechnisch gesehen unproblematisch und daher bestenfalls mit II+ zu bewerten, aber dennoch sind hier schon gewaltige Wassermassen im Spiel, und ohne Spritzdecken würden unsere Kanus vollschlagen. Selbst mit den Spritzdecken nehmen wir eine Menge Wasser über, so daß wir zunächst schöpfen müssen. Initiation Rapid ist die erste wirklich ernstzunehmende Stromschnelle auf dem South Nahanni, und somit ist es ein leichtes, sie als solche auch zu erkennen. Dies zu wissen ist wichtig, denn von nun an wartet der Nahanni fast ständig mit mehr oder weniger schwierigen Passagen auf. Jede einzelne dieser Stromschnellen, allein betrachtet, mag für den erfahrenen Kanuten oder Paddler keine Schwierigkeit darstellen. Es ist vielmehr die be-

**Arved Fuchs (hinten) und Brigitte Ellerbrock im Oberlauf des Nahanni. Bei schwierigen Passagen kniet man in den Booten. Es erfordert viel Gespür und Koordination um ein solches Kanu sicher durch Wildwasser zu bringen.**

trächtliche Länge der einzelnen Stromschnellen und die rasche Folge, mit der sie hintereinander auftreten. Wenn man den ganzen Tag durch Stromschnellen der Schwierigkeitsklasse I bis III fährt, dann kann es leicht passieren, daß man für einige Sekunden die Konzentration verliert oder durch irgend etwas für einen Moment abgelenkt wird. Gerade weil das Wasser nicht extrem schwierig ist, können Fehler passieren, die eine Kenterung zur Folge haben. Wer bei einer solchen Gelegenheit schon einmal längere Zeit in 5 bis 6 Grad kaltem Wasser schwimmen mußte, der weiß, wie schnell die Kälte die Kräfte erlahmen läßt. Wird man nun in diesem Zustand von Stromschnelle zu Stromschnelle weitergerissen, dann kann es nur allzuleicht passieren, daß man, starr vor Kälte, unfähig wird, sich ans Ufer zu retten. Im Zustand der Benommenheit kann man leicht gegen Felsen prallen, unter einen Vorsprung gedrückt werden oder ganz einfach ertrinken. Ein solcher konstruierter Unglücksfall ist wahrscheinlich ein Paradebeispiel dafür, wie sich einige der Tragödien am South Nahanni abgespielt haben könnten. Um einer möglichen Unterkühlung vorzubeugen, benutzen Brigitte und ich Trockenanzüge, so daß uns im Falle einer Kenterung die grimmige Kälte des Wassers zumindest für einige Zeit nichts anhaben könnte. Außerdem darf natürlich ein Helm nicht fehlen! Ein Cowboyhut, wie man ihn immer wieder auf kanadischen Flüssen sieht, mag zwar für den einen oder anderen ganz schick wirken, ist aber, jedenfalls im Wildwasser, völlig unangebracht.

Im Laufe des Tages verdoppelt sich die Wassermenge des Nahanni, die Ufer werden steiler und fel-

**Mit Spannung erwarten wir jede Kurve im Flußlauf – welche Schwierigkeiten erwarten uns dahinter?**

siger, und immer wieder müssen wir anhalten, um die Stromschnellen zu inspizieren, eine Route festzulegen und sie schließlich anzugehen. Dann steigen wir in die Boote, Helm und Schwimmwesten werden zurechtgerückt, eine letzte kurze Verständigung – und schließlich stoßen wir uns ab in die Strömung. Die Stromschnellen sind oftmals zu lang, als daß man sich jedesmal die Ideallinie genau einprägen könnte. Es gilt, in Sekundenschnelle eine richtige Entscheidung zu treffen, dem Vordermann zuzurufen, ob man links oder rechts an dem Felsen vorbeifährt, damit er das richtige Manöver ausführen kann. In einem Kajak Wildwasser zu fahren ist ungleich leichter, als zu zweit in einem Kanadier, da sämtliche Aktionen koordiniert werden müssen und Mißverständnisse allzuleicht eine Kenterung zur Folge haben können. Ich sehe Brigitte vor mir,

**Oben: Jeff betrachtet von einer Anhöhe aus aufmerksam den Verlauf einer Stromschnelle, um eine Passage für die Boote zu finden. – Rechts: Treideln der Boote durch einen flachen „Steingarten".**

wie sie hochgehoben wird, um gleich darauf bis zum Hals in den aufgewühlten Fluten zu verschwinden. Das Ganze ist furchterregend und schön zugleich, es ist Sport, Abenteuer und hautnahes Naturerleben in einem. Wir müssen von einer Seite des Flusses zur anderen, finden in Kehrwassern kurze Ruhepausen und lassen uns wieder von den reißenden Fluten davontragen. Im Expreßtempo geht es an schäumenden Felsbrocken vorbei, die tückisch irgendwo im Fluß liegen, immer wieder streifen die Boote ein unter Wasser liegendes Hindernis, ohne dabei jedoch Schaden zu nehmen. Es hat Dauerregen eingesetzt, die Landschaft und das Wasser erscheinen in einem düsteren, tristen Licht. Trotz der Spritzdecken dringt immer wieder soviel Wasser in die Boote, daß wir sie leerschöpfen müssen, und an einigen Strekken müssen wir die Boote sogar treideln, da die Spritzdecken sonst eingedrückt würden.

Am dritten Tag erreichen wir eine Stelle, an der ein Fluß in den Nahanni mündet, der fast ebenso breit ist wie der Nahanni selbst. Unmittelbar danach beginnen die Junction Rapids, in der sich die vereinten Wassermengen um eine Kurve herumwälzen und dabei hohe, stehende Wellen entstehen lassen. Auf einer Strecke von rund 20 Kilometern folgt eine Stromschnelle nach der anderen, wobei die schwierigsten davon Klasse III erreichen. Ergänzend muß gesagt werden, daß sich die Schwierigkeit entsprechend des Wasserstandes auch maßgeblich verändern kann. Mit einem gut einen Meter hohen Absatz wird dann schließlich die letzte große Serie von Stromschnellen eingeleitet. Es sind dies die Hollywood Chute, in denen im Jahre 1983 die junge Kanadierin ums Leben gekommen ist. Der Fluß teilt sich hier, so daß in der Mitte eine Insel entstanden ist. Im rechten Flußlauf befindet sich die größere Wassermenge, und dort erwarten den Paddler auch die größeren Schwierigkeiten. Nachdem der Flußarm zunächst eine Rechtskurve vollzogen hat, fließt er durch eine tiefe Schlucht und macht dabei eine scharfe Linksbiegung. Es besteht hier die Gefahr, daß der Paddler durch die starke Strömung gegen die außenliegende Felswand gedrückt wird oder, was noch schlimmer wäre, unter einen Überhang geschoben wird. Wir wählen daher den linken Flußarm, dessen Tücken weniger in der Höhe der einzelnen Wellen liegen, sondern vielmehr in dem völlig unüberschaubaren Labyrinth von Felsbrocken, zwischen denen das Wasser hindurchströmt. Blitzschnelles Reagieren und ein perfektes Handling des Bootes sind hier gefragt, sonst endet der Ritt unweigerlich in einem kühlen Bad. Schließlich vereinigen sich beide Flußläufe und strömen jetzt wieder gemeinsam durch die Schlucht. Ein letztes Mal brodelndes Wasser, Felsbrocken und Absätze – und dann ist plötzlich alles vorbei. Mit fast vollgeschlagenen Booten fahren wir ans Ufer, wo Jeff und Joey bereits auf uns warten. Wir haben den wilden Oberlauf des Nahanni hinter uns. Hollywood Chute ist für lange Zeit die letzte Stromschnelle. Vor uns fließt der Nahanni mit guter Strömung, aber ohne nennenswerte Turbulenzen in einem bedeutend breiteren Flußbett weiter. Von der linken Seite mündet ein weiterer Fluß in den Nahanni und erhöht das Wasservolumen des Stromes beträchtlich. Wir lassen uns jetzt in den Booten treiben, vorbei an Inseln, die immer häufiger auftreten und finden schließlich einen geeigneten Lagerplatz, an dem wir unsere Zelte aufschlagen. Es ist heute der 14. Juli 1984. Wir haben genau fünf Tage für die obere Sektion des Nahanni gebraucht. Von jetzt an werden wir mehr Zeit für die Betrachtung der Landschaft aufwenden können. Der South Nahanni ist in ein anderes Stadium eingetreten und läßt uns mit Spannung die Veränderung in der Landschaft erwarten.

**Jeff und Joey in den Junction Rapids**

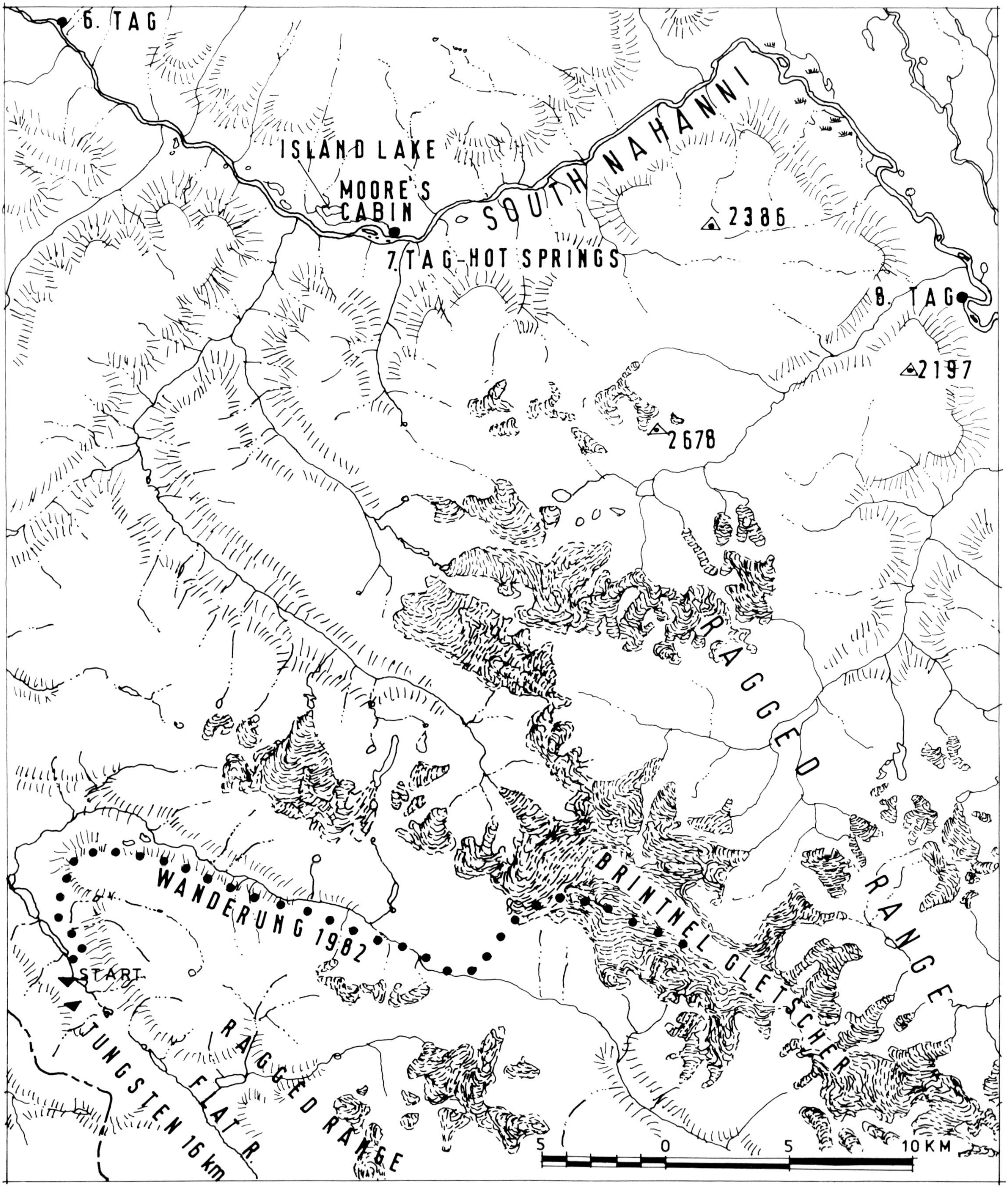
6. TAG
ISLAND LAKE
MOORE'S CABIN
SOUTH NAHANNI
2386
7. TAG-HOT SPRINGS
8. TAG
2197
2678
RAGGED RANGE
BRINTNEL GLETSCHER
WANDERUNG 1982
START
RAGGED RANGE
FLAT R.
TUNGSTEN 16 km
5 0 5 10 KM

## Heiße Quellen und wilde Orchideen

Am Mittag des folgenden Tages erreichen wir die Mündung des Little Nahanni (siehe Teil 9) in den South Nahanni. Wir machen auf einer Landzunge, die sich zwischen den beiden Flüssen gebildet hat, aus Treibholz ein Lagerfeuer und kochen Kaffee. An den Spuren und Überresten alter Lagerfeuer, gespaltenem Holz und eingeebneten Zeltplätzen können wir leicht erkennen, daß auf dieser Landzunge schon des öfteren Leute gecampt haben. Glücklicherweise findet man außer den eben genannten Relikten keinerlei Unrat vor. Da das Quellgebiet des Little Nahanni über eine Straße zu erreichen ist, scheinen bereits mehrere Gruppen diesen Weg als Zustieg zum South Nahanni genutzt zu haben. Doch wer glaubt, über den Little Nahanni einen leichten Zugang zum Nahanni zu finden, sieht sich getäuscht. Der Little Nahanni soll wassertechnisch zum Teil schwieriger sein als der Oberlauf des South Nahanni.

Am Morgen des nächsten Tages sehen wir am linken Flußufer eine dünne Rauchfahne durch die Bäume zum Himmel aufsteigen. Wir queren den Fluß und halten auf die Stelle zu, nach der wir schon Ausschau gehalten haben. Einige Minuten später ziehen wir unsere Boote einen Sandstrand hinauf, folgen einem kleinen Pfad und stehen unvermittelt vor einer Blockhütte. Wir sind keinesfalls erstaunt, diese Hütte fernab jeglicher Zivilisation zu finden, und während wir uns mit einer anderen Paddlergruppe bekanntmachen, die uns nach guter alter Sitte sofort eine dampfende Tasse Kaffee anbietet, geht mir die Geschichte der Moore's, die die Erbauer dieser Hütte waren, durch den Kopf.

Zwei Vorschläge waren es, die John Moore eines Abends an einem Lagerfeuer seiner damaligen Freundin Joan machte: Der erste war, daß sie ihn heiratet, und der zweite, unmittelbar darauf folgende, daß sie statt einer der üblichen Hochzeitsreisen für ein Jahr zum South Nahanni gehen, um dort eine Hütte zu bauen und zu überwintern. Beide Vorschläge wurden von Joan begeistert aufgenommen, und so fanden sich die nunmehr verheirateten Moores im Frühjahr 1978 mit einem Berg von Ausrüstungsgegenständen am Ufer des South Nahanni wieder. Die beiden hatten die erforderliche Genehmigung, hier eine Hütte zu bauen, bekommen und waren von einem Flugzeug an der gewünschten Stelle abgesetzt worden. Gänzlich auf sich allein gestellt, rodeten sie ein kleines Waldstück und begannen mit dem Bau eines Blockhauses, das ihnen für ein Jahr als Heim dienen sollte. Die beiden hatten sich sehr gewissenhaft auf diese gewiß nicht leichte Aufgabe vorbereitet, und so entstand alsbald ein solides Haus, das nicht nur während ihres einjährigen Aufenthaltes standhielt, sondern noch heute einen durch und durch stabilen Eindruck macht. Nachdem die Bauphase abgeschlossen war, unternahmen sie weite Streifzüge in die Umgebung, legten sich einen Fleischvorrat für den Winter an und verbrachten zu zweit in völliger Abgeschiedenheit die extrem kalten Wintermonate.

Im Frühling, nachdem das Eis auf dem Nahanni geborsten und abgetrieben war, packten die beiden einige ihrer Habseligkeiten in einem Kanu zusammen und fuhren auf dem Fluß in eine zu neuem Leben erwachende Landschaft. Es muß schon ein großartiges, wenngleich kein leichtes Unterfangen gewesen sein, auf diese Art und Weise ein Jahr zu verbringen. Ich persönlich finde die Umsichtigkeit und Konsequenz, mit der die beiden Moore's ihr Vorhaben in die Tat umsetzten, sehr bemerkenswert, und in mir verdichtet sich der Wunsch, einmal etwas Ähnliches zu unternehmen. John Moore hat übrigens ein Buch darüber geschrieben, das den Titel »Nahanni Trailhead« trägt. Die Hütte steht heute jedermann offen. Allerdings sollte jeder, der von diesem Angebot Gebrauch macht, auch die goldene Regel beherzigen, die besagt, daß man die Hütte stets mit einem Vorrat von Brennholz und Proviant hinterläßt, auch dann, wenn man selbst nichts vorgefunden hat. Die Lage solcher Hütten ist bekannt, und so kann es sein, daß sich jemand mit letzter Kraft dorthin rettet und auf die Vorräte, die dort lagern, angewiesen ist. Auch sollte man keinesfalls so verfahren, wie eine kleine Gruppe von Deutschen es gerade exerziert. Sie haben sich gleich für mehrere Wochen in der Hütte eingenistet und tun so, als seien sie die Hausherren. Gern hätten wir eine Nacht in der Hütte zugebracht, um in Gedanken ein wenig den Moore's zu folgen. Die Moore's Cabin wird heute immer häufiger als Ausgangspunkt für Flußexpeditionen gewählt. Unweit der Blockhütte liegt ein kleiner See, der sogenannte »Big Island Lake«, auf dem Wasserflugzeuge landen können. Ein kleiner Pfad führt hinunter zur Blockhütte, so daß sich hier ein guter Startpunkt findet. Auch die Kanadier, die wir hier treffen, haben sich am Tag zuvor dorthin einfliegen lassen. Später sollen wir noch Kontakt mit anderen Gruppen finden, die ebenfalls den Big Island Lake als Ausgangspunkt für ihre Befahrung gewählt haben.

Eine gute Stunde bleiben wir bei der Hütte, dann besteigen wir unsere Boote und fahren einige Kilometer flußabwärts. Wir halten uns dabei dicht am linken Ufer und stecken immer wieder gelegentlich eine Hand ins Wasser. Schließlich spüren wir eine deutliche Erwärmung des Flußwassers und biegen in einen kleinen Seitenarm, der in den South Nahanni mündet, ein. Schlagartig steigt die Wassertemperatur um ca. 15 Grad Celsius. Eine üppige Vegetation gedeiht zu beiden Seiten des Baches, und je weiter wir ihn hinaufpaddeln, desto höher steigt die Temperatur des Wassers. Umgestürzte Bäume, die halb vermodert im Bach liegen, versperren uns den Weg, so daß wir aus den Booten steigen und die Kanus hinter uns herziehen. Die Wassertemperatur mag jetzt 25 Grad erreicht haben, vor uns steigen Dampfschwaden auf. Wilder Sellerie schießt überall empor und erreicht an einigen Stellen zwei Meter Höhe. An einer kleinen Waldlichtung ziehen wir die Kanus ans Ufer, bauen unsere Zelte auf einer Grasfläche auf und gehen, nur mit Handtüchern versehen, zu einem kleinen Tümpel, von dessen Grund immer wieder dicke Blasen aufsteigen und über dem eine Dampfglocke wie in einer Sauna hängt. Wir haben die ersten heißen Quellen, die Hot Springs des South Nahanni, erreicht. Vorsichtig stecke ich meinen Fuß in das Wasser und setze ihn auf den schlammigen Untergrund. Nur nicht dorthin treten, wo das heiße Wasser aus dem Boden strömt, denn das könnte sehr schnell Verbrennungen nach sich ziehen. Jeder von uns vieren sucht sich eine Stelle mit der ihm genehmen Temperatur, und wenige Sekunden später gucken nur noch die Köpfe aus dem dampfenden Wasser heraus. Die vorangegangenen Tage waren kühl und regnerisch gewesen, und auch jetzt, während wir im heißen Wasser sitzen, bricht über uns ein Wolkenbruch herein. Oft genug hatten wir gefroren und uns nach Wärme gesehnt, und nun das! Wir aalen uns buchstäblich wie die Fische im Wasser und nehmen begeistert zur Kenntnis, daß sich die Moskitos nicht hierher wagen. Der Kontrast zur Kälte des South Nahanni, zum Regen, zum Schnee auf den Berggipfeln und zur Ungemütlichkeit des Wetters ist kaum zu beschreiben. Während Brigitte und Joey schon, wie Jeff und ich finden, viel zu früh diese naturgegebene Badewanne verlassen, bleiben wir beide noch gut zwei weitere Stunden darin sitzen, bevor wir mit vollends schrumpeliger Haut den Fluten entsteigen. Diese heißen Quellen, die es verschiedentlich am Nahanni gibt, haben ebenfalls Stoff für Legenden geliefert. In einigen Berichten wurde von tropischen Tälern erzählt, in denen wirklich alles gedeihen würde. Nun – wir konnten beim besten Willen keine Bananenstauden entdecken und auch kein Bambusdickicht. Tatsache ist, daß die Vegetation im direkten Einzugsbereich dieser heißen Quellen bedeutend üppiger gedeiht als sonst üblich in dieser Region, und aufgrund dieser ganzjährig aktiven heißen Quellen finden sich hier auch die nördlichsten wilden Orchideen, die man überhaupt kennt. Fast können wir uns am nächsten

**Die Hütte von John und Joan Moore. Unweit der Hütte finden wir die Hot Springs – heiße Quellen, die zum Baden einladen.**

Morgen nicht von dieser Stelle trennen. Jeff und ich lassen uns ohnehin nur zum Aufbruch bewegen, nachdem wir abermals zwei Stunden im heißen Wasser gesessen und uns ausgelassen mit Schlamm beworfen haben. Danach packen wir ein wenig murrend zusammen, lassen Brigitte und Joey spüren, daß wir eigentlich noch gar nicht so richtig mit dem Baden angefangen hatten, und während wir die Boote zum eisigkalten Wasser des South Nahanni bugsieren, bricht plötzlich die Sonne hinter der zuvor geschlossenen Wolkendecke hervor. Innerhalb weniger Stunden haben wir einen strahlend blauen Himmel. Es wird so warm, daß wir nur noch im Badezeug in den Booten sitzen und aufpassen müssen, daß wir uns keinen Sonnenbrand holen. Wir können zu diesem Zeitpunkt noch nicht ahnen, daß dieses herrliche Wetter Bestand hat und bis zum Ende der Expedition anhalten soll. Wir messen Temperaturen von über 30 Grad Celsius und befinden uns doch im hohen Norden Kanadas.

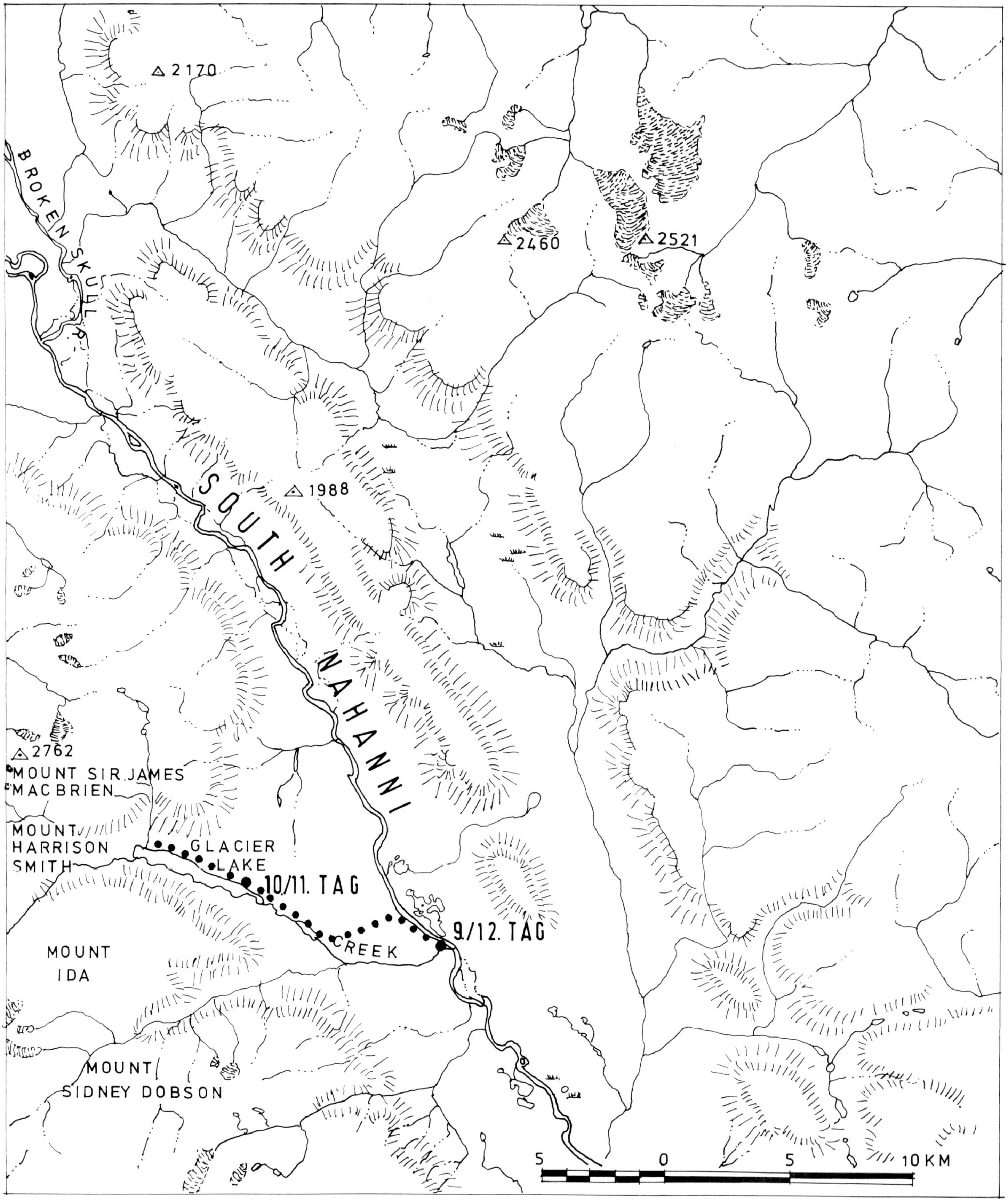

BROKEN SKULL R.
△ 2170
△ 2460
△ 2521
△ 1988
SOUTH NAHANNI
△ 2762
MOUNT SIR JAMES MACBRIEN
MOUNT HARRISON SMITH
GLACIER LAKE
10/11. TAG
9./12. TAG
CREEK
MOUNT IDA
MOUNT SIDNEY DOBSON
5 0 5 10 KM

# Das Hinterland

## »Glacier Lake« und »The Cirque of the Unclimbable«

Mühsam bahnen wir uns unseren Weg durch das dichte Unterholz. Seit etwa einer Stunde laufen wir durch ein Gebiet, das vor einigen Jahren einmal einem Waldbrand zum Opfer gefallen sein muß. Wo man hinguckt, verkohlte, umgefallene und zerborstene Baumleichen, dazwischen recken sich bereits neue Sprößlinge dem Licht entgegen und verbauen einem vollends den Weg. Wir hatten nur für einen Moment den Trampelpfad verlassen und, anstatt gleich zurückzugehen, um ihn wieder aufzufinden, beschlossen, auf eigene Faust einen Weg durch den Busch zum Glacier Lake zu finden. Die Quittung für diesen Entschluß erhalten wir postwendend in Form dieses undurchdringlichen, verbrannten Unterholzes. Während wir schwitzend weiterstapfen und dabei vergeblich versuchen, mit einer Hand die Schwärme von Moskitos zu vertreiben, hält Brigitte besorgt Ausschau, ob nicht zufällig irgend etwas Eßbares in ihr Blickfeld gerät. Ein begeisterter Ausruf verkündet uns, daß ihre Suche von Erfolg gekrönt ist, und aller Hitze und den Mückenschwärmen zum Trotz kniet sie im Moos und pflückt eifrig Pilze, die an einigen Stellen wie Unkraut wachsen. In Ermangelung einer Tragetasche führt sie mit Jeff eine kurze Diskussion über die vielseitigen Einsatzmöglichkeiten seiner Mütze, und wenig später tritt Jeff resignierend seine Kopfbedeckung an eine strahlende Brigitte ab, die mit Hingabe die Pilze in die Mütze sammelt. Wenn Brigitte hungrig ist – und das ist sie auf solchen Reisen meistens – ist eben nichts Genießbares vor ihr sicher.

Nach sechseinhalb Stunden kommen wir schließlich ziemlich müde und zerschlagen am Glacier Lake an. Der Ausblick, der sich uns eröffnet, entschädigt uns reichlich für alle vorangegangene Mühe. Nicht der leiseste Luftzug ist zu spüren, und der See liegt wie ein Spiegel, eingebettet von Bergriesen, vor uns. Wir schlagen unser Lager am südlichen Ende des Sees auf und betrachten immer wieder staunend die mächtige schroffe Felswand des Mount Harrison Smith, des höchsten Berges der Northwest Territories. Gegen einen azurblauen Himmel formen die Gipfel des Mount Harrison Smith und weiterer benachbarter Bergriesen einen Ring, in dessen Innerem eine Art Hochplateau liegt – eben das, was als das Hochtal der Unbezwingbaren – der »Cirque of the Unclimbable« – bekannt ist. Es ist weniger die Höhe der Berge selbst, die einen zwangsläufig in ihren Bann ziehen, als vielmehr die teilweise lotrecht abfallenden Steilwände, die zu den schwierigsten Bergtouren Kanadas zählen. Die Berggipfel reichen an die 3000 Meter-Marke heran, wobei das Hochtal der Unbezwingbaren bereits auf etwa 1000 Metern Höhe liegt. Bergsteiger, die dort Touren unternommen haben, schwärmen gleichermaßen von

**Oben: Der Mount Harrison Smith. – Rechts: Der Cirque of the Unclimbable vom Glacier Lake aus gesehen.**

der anspruchsvollen Kletterei wie auch von der Unberührtheit der Natur. Eine der Wände, der Lotos Flower Tower – der Lotosblütenturm –, zählt wohl zu den schönsten aber auch schwierigsten Unternehmungen, die der Cirque zu bieten hat. Um in den Cirque zu gelangen, ist ein mühsamer und langer Aufstieg erforderlich. Er ist aber dennoch jedem zugänglich. Die Kletterei in den Wänden jedoch erfordert eine Menge Erfahrung und bergsteigerisches Know How. Viele Gipfel sind vertikale 1000-Meter-Wände, die härteste Anforderungen an ein Team stellen. Durch den zunehmenden Bekanntheitsgrad dieses Hochtales lassen sich immer mehr Expeditionen mit Wasserflugzeugen zum Glacier Lake einfliegen, um von dort ins Hochtal aufzusteigen und anschließend eine der Wände anzugehen. Leider haben viele dieser Bergexpeditionen ein gestörtes Verhältnis zur Natur. Anders kann ich es mir nicht erklären, weshalb dort Mülldeponien entstehen und Verpackungsmaterial und Konservendosen die ansonsten unberührte Natur verunstalten. Bergsteigerei darf schließlich nicht als eine rein technische Disziplin verstanden werden, sondern sie ist schließlich eine Natursportart, aus der auch gewisse Verpflich-

tungen gegenüber der Umwelt resultieren. Wer eine volle Dose Ölsardinen auf den Berg hinaufschleppt, der kann wohl auch allemal eine leere hinunter zum Flugzeug tragen und sie mit sich ausfliegen lassen. Wer dazu nicht bereit ist, zeugt von ungeheurem Egoismus und großer Verantwortungslosigkeit gegenüber seiner Umwelt und gehört nicht in eine solche Region. Er sollte lieber in den hiesigen, mit Mülltonnen versorgten Klettergärten bleiben, denn um das Naturerlebnis geht es ihm ja eh nicht!

Die Berge um den Mount Harrison Smith stellen den dramatischen Höhepunkt einer Bergkette dar, die als die »Ragged Range« bezeichnet wird. Wer über entsprechende Ausrüstung, Zeit und über die Bereitschaft zu einer strapaziösen Wanderung verfügt, kann hier eine der eindrucksvollsten Berglandschaften Kanadas erkunden.

## Eine Wanderung durch die Ragged Range

1982 waren Jeff und ich, ohne daß wir uns zuvor kannten, unabhängig voneinander in das Bergwerkcamp Tungsten gekommen, um von dort aus Zugang zu den Ragged Range und dem South Nahanni zu finden. Wir verstanden uns auf Anhieb gut, und nach einigen kürzeren Tagestouren beschlossen wir, gemeinsam unser Ziel zu verfolgen. Während Jeff mit einem alten, klapprigen Toyota den weiten Weg von Atlanta (USA) nach Tungsten gekommen war, hatte ich mir ein Ticket für den Bus der Minengesellschaft gekauft, der Watson Lake mit Tungsten verbindet. Tungsten bedeutet zu deutsch Wolfram, und genau das ist es, was in der Mine abgebaut wird. Entgegen allen kanadischen Gepflogenheiten sieht es

**Das Quellgebiet des Flat Rivers in der Nähe der Bergwerksiedlung Tungsten.**

das Management der Mine offensichtlich nicht gern, wenn Touristen in diese Mine kommen. Auf unsere Frage hin, ob wir Jeffs Wagen auf dem Firmengelände parken dürften, erwiderte uns der Manager ziemlich barsch, daß das auf keinen Fall in Frage käme, und daß man überhaupt Touristen nicht noch ermutigen wolle, hierherzukommen. Dies sei Minengelände, und Außenstehende hätten hier nichts zu suchen. Wie zur Bekräftigung seiner Worte wurde einen Tag später ein großes Schild am Ortseingang aufgestellt, das unmißverständlich zu verstehen gab, daß Fremde hier unerwünscht waren! Allerdings, das muß gerechtigkeitshalber erwähnt werden, schien dies lediglich die Meinung des Managements zu sein, denn die arbeitende Bevölkerung der Mine begrüßte jeden Reisenden mit der für nordische Länder typischen Gastfreundschaft und Herzlichkeit. So lud man uns sofort zu den Hot Springs ein, die etwas abseits des Firmengeländes liegen und die je nach Quelle unterschiedliche Temperaturen aufweisen. Zwei dieser heißen Quellen münden in jeweils einem kleinen Holzhäuschen, dessen Boden mit einer dichten Schicht von Kieseln ausgelegt ist, über die das heiße Wasser fließt. Mit einem Stöpsel kann man den Abfluß verstopfen, und schon füllt sich das Kieselbecken mit heißem, klarem Wasser, der Dampf und die Wärme fangen sich in der kleinen Hütte, und man hat den besten Saunaeffekt. Es gibt eine ganze Reihe solcher warmen oder auch heißen Quellen in der Nähe von Tung-

**Jeder mit einem 35 kg schweren Rucksack beladen, suchen wir uns mühsam einen Weg zum Brintnell Gletscher. – Rechts: Reißende Wildbäche strömen aus den Ragged Range, um sich mit dem Flat River oder dem Little Nahanni zu vereinigen.**

**Der Brintnell Gletscher in den Ragged Range**

sten. Man kann sie oftmals schon von weitem an dem Dampf erkennen, der von diesen Tümpeln aufsteigt.

Bei Tungsten entspringen auch der Flat River und der Little Nahanni. Während der Flat River sich in südöstliche Richtung durch den Busch schlängelt, um schließlich in den South Nahanni zu münden, fließt der Little Nahanni zunächst in nördliche Richtung, um später einen Bogen nach Osten zu beschreiben, um sich ebenfalls mit dem South Nahanni zu vereinen. Tungsten ist also sowohl Ausgangspunkt für den Little Nahanni als auch für den Flat River, doch darauf komme ich später (Teil 9) noch zu sprechen. Auf jeden Fall ist Tungsten auch Ausgangspunkt für Touren in die Ragged Range, und genau das war Jeffs und meine Zielsetzung, als wir schließlich am 3. Juli aufbrachen. Schwer beladen, jeder mit einem etwa 35 kg schweren Rucksack auf dem Rücken, suchten wir zunächst Zugang zu einem kleinen Fluß zu finden, dessen Verlauf wir solange folgen wollten, bis wir schließlich unser Ziel, ein vergletschertes Hochplateau der Ragged Range, erreicht hätten. Das hört sich einfach an, aber dort, wo es keine Menschen gibt, gibt es auch keine ausge-

**Arved Fuchs beim Aufstieg auf einen der ungezählten namenlosen Gipfel der Ragged Range**

tretenen Pfade. Wildwechsel sind die einzigen Trails, die einen passablen Weg darstellen, allerdings enden sie oftmals abrupt vor einem Teich oder Morast, drehen plötzlich in eine völlig andere Richtung ab oder scheinen sich mit einem Mal in Nichts aufzulösen. Das Unterholz ist mitunter so dicht, daß wir uns gelegentlich mit aller Kraft dagegenwerfen müssen, um uns einen Weg hindurchzubahnen. Je morastiger und feuchter die Niederungen sind, um so schlimmer sind die Moskitos. Auch unser Versuch, auf den vegetationsfreien Berghängen zu laufen, brachte uns keine Vorteile. Geröllhalden und Felsbrocken erschweren das Vorankommen dort so sehr, daß wir uns schnell wieder auf unsere Wildwechsel zurücksehnten. Unsere Lagerplätze wählten wir meistens auf einer Sandbank im Fluß, da dort immer ein wenig Wind herrschte, der uns die Moskitos abends einigermaßen vom Leib hielt. Mit zunehmender Höhe stellten wir mit Genugtuung fest, daß die Vegetation nachließ, um schließlich gänzlich zurückzutreten und uns nunmehr ungehindert passieren zu lassen. Die Szenerie wurde eindrucksvoller, je weiter wir kamen. Auf einer kleinen Paßhöhe schlugen wir schließlich nach einem erneuten zwölfstündigen Marsch unser Zelt auf. Wir befanden uns nur wenige Meter von dem See entfernt, aus dem einerseits der namenlose Fluß entspringt, dem wir bislang gefolgt waren, und in dem andererseits auch ein weiterer Fluß seinen Ursprung hat, der den Namen »Rabbitkettle« trägt, der wiederum in den South Nahanni mündet. Die einzigen Landkarten, die man über diese Region bekommen konnte, waren im Maßstab 1:250.000. Es ist nicht ganz einfach, nach einem solchen großen Maßstab genau seinen Weg zu finden, insbesondere dann nicht, wenn die eingezeichneten Gletscherzungen zurückgegangen sind und man mehr oder weniger raten muß, wo man sich befindet. Schließlich fanden wir nach einiger Suchere aber doch einen Aufstieg zum Brintnell-Gletscher, legten Bergseil und Steigeisen an und stiegen den Gletscher weiter hinauf. Bis zu den Knien sackten wir bei jedem Schritt in den feuchten und pappigen Schnee ein. Die Rucksäcke schienen von Schritt zu Schritt schwerer zu werden. Endlich erreichten wir das Plateau des Brintnell-Gletschers und schlugen dort unser Lager auf. Um uns herum gab es nur gleißenden Schnee und Eis, sowie die bizarren und schroffen Berge, die sich dort überall zum Himmel recken. Um nicht jedesmal die schwere Ausrüstung mitschleppen zu müssen, ließen Jeff und ich unser Zelt und die überflüssige Ausrüstung am Lagerplatz zurück und unternahmen von dort aus etliche Bergbesteigungen auf namenlose Gipfel der Ragged Range. Von dort hatten wir ungehindert Ausblick über die gesamte Region, und in uns verdichtete sich der Eindruck, daß die Welt nur aus Berggipfeln bestehen würde. Der Glacier Lake und der South Nahanni waren von den Gipfeln selbst zwar nicht zu erkennen, wohl aber waren die Niederungen und die Schluchten dieses geheimnisvollen Flusses zu erahnen. Nachdem wir unseren Proviantbestand überprüft hatten, verwarfen wir den Gedanken, der uns beiden spontan gekommen war, nämlich über den Brintnell-Gletscher bis zum Glacier Lake und schließlich bis zum Ufer des South Nahanni zu laufen. Wohl hätte der Proviant bis dorthin gereicht, aber nicht wieder zurück! So nahmen wir denn schweren Herzens nach einigen Tagen wieder Abschied von den Ragged Range und machten uns, teilweise auf einer neuen Route, auf den beschwerli-

**Berge soweit das Auge reicht, deren Gipfel noch nie ein Mensch betreten hat.**

chen Rückmarsch nach Tungsten. Eines hatten wir uns allerdings auf dem letzten Gipfel, den wir bestiegen hatten, feierlich versprochen: Wir würden zurückkehren, um den South Nahanni und die angrenzenden Gebirgsregionen aus nächster Nähe kennenzulernen.

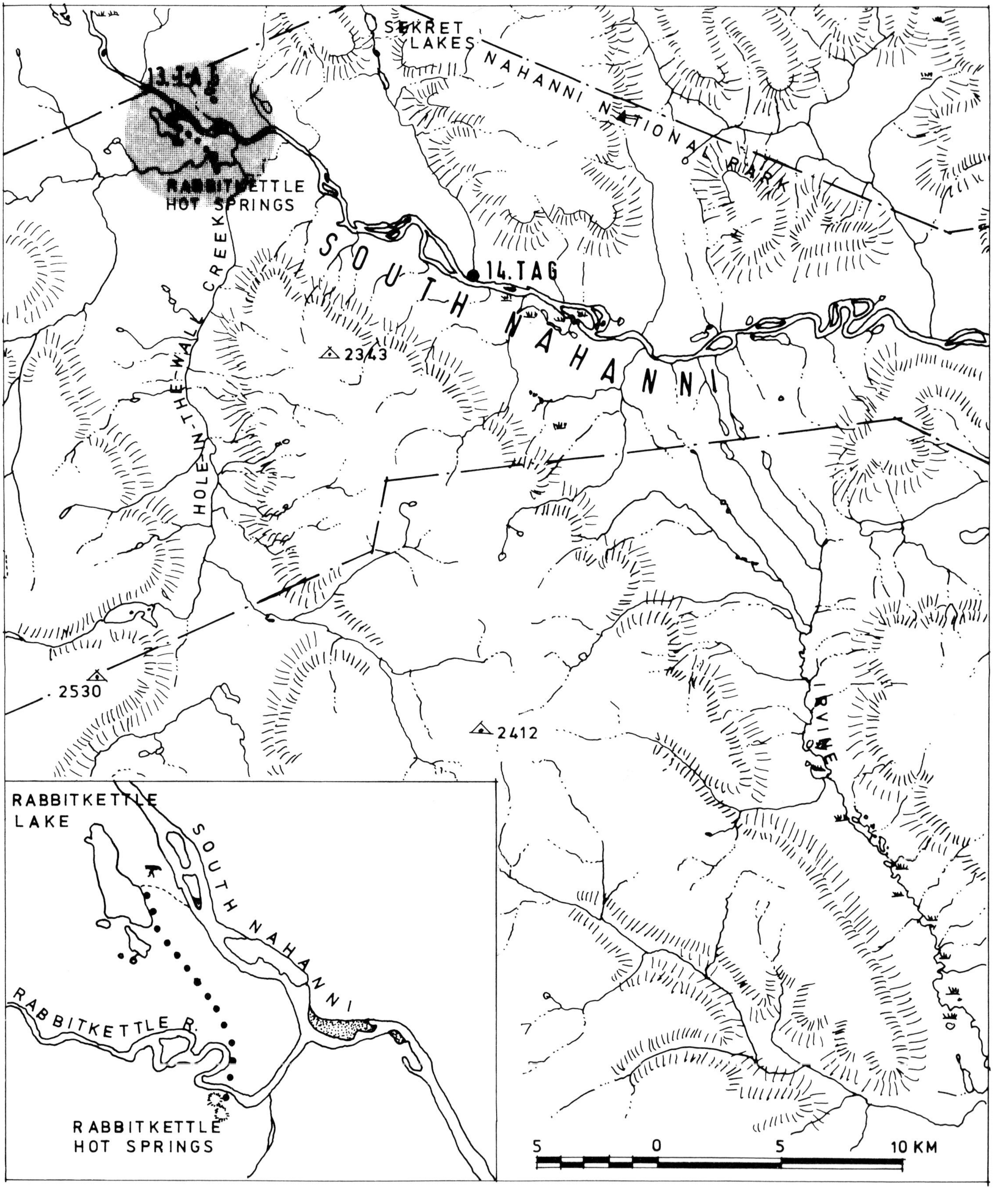
SEKRET LAKES
NAHANNI NATIONAL PARK
RABBITKETTLE HOT SPRINGS
HOLE-IN-THE-WALL CREEK
SOUTH NAHANNI
14. TAG
2343
2530
2412
IRVINE
RABBITKETTLE LAKE
SOUTH NAHANNI
RABBITKETTLE R.
RABBITKETTLE HOT SPRINGS
5 0 5 10 KM

# Der Nahanni Nationalpark

Am 22. Juli, dem 13. Tag seit unserem Aufbruch von den Moose Ponds, entdecken wir am rechten Flußufer ein großes hölzernes Schild, auf dem »Nahanni Nationalpark« zu lesen ist. Wir ziehen unsere Boote auf eine Sandbank, sichern sie an einem Baum und folgen einem Pfad, der in den Wald hineinläuft. Nach einigen hundert Metern taucht vor uns ein See auf, der im Vergleich zum Nahanni warmes Wasser aufweist. Wir stehen am Ufer des Rabbitkettle Lake. Die Wassertemperatur beträgt ca. 18 bis 19° C, und überall tummeln sich Entenmütter, die eifrig damit beschäftigt sind, ihren Nachwuchs zu bändigen. Etwas oberhalb des Sees steht die Warden-Station, in der jeder Reisende, der den Nationalpark betritt, einchecken muß. Freundlich werden wir von dem Parkwarden empfangen und zu einer Tasse Tee in sein Haus eingeladen. Er notiert unsere Namen und Anschriften und gibt uns noch einige weitere nützliche Tips für die Befahrung des Nahanni. Hatten wir bei unserem Eintreffen am Rabbitkettle Lake noch befürchtet, daß ein Regierungsvertreter hier am Nahanni ein wenig den Muff des Amtsschimmels verbreiten würde, so gewinnen wir jetzt erfreulicherweise einen gänzlich anderen Eindruck. Die bescheidene Bauweise der Warden-Station, das hilfsbereite und geradezu kameradschaftliche Auftreten des Warden lassen eine unkomplizierte und offene Atmosphäre entstehen, in der man sich spontan wohlfühlt.

Früh am nächsten Morgen treffen wir mit dem Parkbediensteten zusammen und beginnen unter seiner Führung eine etwa einstündige Wanderung zu den Rabbitkettle Hot Springs. Es ist heute so heiß und trocken, daß offensichtlich selbst die Moskitos keine Lust zum Starten haben, und nur gelegentlich umschwirrt uns einer dieser Plagegeister. Links und rechts des Pfades wachsen wilde Erdbeeren, die dem scharfen Blick Brigittes natürlich nicht entgehen und unbarmherzig in ihren Bauch wandern.

Es geht bergauf und bergab, vorbei an kleinen Tümpeln und Seen, auf denen gelegentlich Biberburgen zu sehen sind. Im Hintergrund hebt sich immer noch eindrucksvoll und gewaltig das Massiv der Ragged Range empor, bis der Weg schließlich in ein dichtes Unterholz einmündet und den Blick bis auf wenige Meter einschränkt. Plötzlich stehen wir an einem rauschenden Wildbach, dem Rabbitkettle Fluß, den wir mit einem dort angebundenen Schlauchboot überqueren. Jeff und ich sehen uns an. Würden wir dem Rabbitkettle-Fluß weiter flußaufwärts folgen, dann würden wir irgendwann die Paßhöhe erreichen, auf der sein Quellsee liegt, an welchem Jeff und ich vor zwei Jahren campiert hatten. Vom anderen Ufer des Rabbitkettle-Flusses müssen wir jetzt nur noch ein kleines Stück laufen und stehen schließlich vor einem Berg aus Kalksinterterrassen, über die in Schüben Wasser rieselt. Diese Tufa Mounds, wie diese Terrassen genannt

**Die Rabbitkettle Hot Springs mit ihren Tufa Mounds, Kalksinterterassen, die durch Kalkablagerungen in warmem Wasser entstehen.**

werden, entstehen durch Kalkablagerungen, die das warme Wasser aus der Erde mitführt und die dann schließlich diese feine kristallene Struktur annehmen. Das Material ist sehr spröde und zerbrechlich, und da es eine solche Formation zudem nur dieses eine Mal in Kanada gibt, darf man nur mit dem Führer und auf vorgeschriebenen Pfaden dieses Gebiet begehen. Überall tauchen jetzt kleine Tümpel auf, die in den unterschiedlichsten Farben leuchten. Die Bezeichnung »Heiße Quellen« ist sicherlich leicht übertrieben und muß im Verhältnis zur üblichen Wassertemperatur der Flüsse und Seen betrachtet werden. Die Temperatur beträgt etwa 20 bis 24° C, und je nach Temperaturabstufung wachsen in diesen Teichen unterschiedlich gefärbte Algen. Manche Algenarten können nur bei einer ganz bestimmten Wassertemperatur existieren, und so sieht man immer wieder Bänder aus leuchtend roten, gelben oder orangenen Algen, die sich durch das Wasser ziehen. Es gibt noch zwei große Tufa Mounds, wovon der größere etwa 27 Meter hoch und 70 Meter im Durchmesser ist.

Nach gut drei Stunden erreichen wir schließlich wieder die Hütte und kaufen uns für die Fahrt durch den Nationalpark für einige Dollar eine Fischlizenz. Inzwischen sind wir nicht mehr alleine hier. Während unseres Ausflugs zu den Hot Springs hatten wir bereits das tiefe Brummen eines Flugzeuges gehört, und tatsächlich tummelt sich bei unserer Rückkehr eine Gruppe von Paddlern am Ufer des Rabbitkettle Lake, wo das Flugzeug sie samt Bootsausrüstung abgesetzt hat. Wenig später trifft sogar noch eine zweite Gruppe ein, so daß der Platz langsam von seiner Stille und Ursprünglichkeit etwas einbüßt. Aber wahrscheinlich haben wir einfach nur einen ungünstigen Tag erwischt, an dem, uns eingeschlossen, drei Gruppen zusammentreffen. Aber man darf natürlich auch nicht darüber hinwegsehen, daß gerade der Nationalpark mehr Leute anzieht als der unzugängliche und wassertechnisch schwierigere Oberlauf des South Nahanni. So fahren wir noch am gleichen Tag weiter, um in aller Abgeschiedenheit auf einer Sandbank zu biwakieren und beschließen, die beiden Gruppen am nächsten Tag passieren zu lassen, um in aller Ruhe und Ungestörtheit unseren Weg fortsetzen zu können.

Nach 15 Kilometern finden wir schließlich einen solchen Platz, ziehen die Boote an Land und schlagen unsere Zelte auf. Auf der linken Flußseite sehen wir ein Flußbett von den Bergen hinunterkommen, das um diese Jahreszeit nur wenig Wasser führt. Derjenige, der genügend Zeit hat und darüber hinaus aufs Angeln versessen ist, sollte an dieser Stelle die Boote zurücklassen, seinen Rucksack packen und dem Flußbett folgen. Es soll ein mühseliger und etwa dreistündiger Marsch sein, bis man schließlich an den Ufern von mehreren kleinen Seen steht, die aufgrund ihrer verborgenen Lage »Secret Lakes« – zu deutsch: »Geheime Seen« heißen. Während auf der ganzen Strecke des Nahanni der Erfolg beim Angeln eher als dürftig zu bezeichnen ist, soll hier, wie wir glaubhaft erfahren haben, das Herz eines jeden Anglers Freudensprünge machen. Wenn es in der gesamten Nahanni-Region irgendwo eine Stelle gibt, an der man todsicher Fische fängt, dann hier! Nur sollte man getrost für einen solchen Ausflug eine Übernachtung mit einplanen, dann sonst könnte man, einmal vom Angelfieber befallen, doch etwas in Zeitnot geraten. Wir selbst erleben abends auf un-

geduldig unsere Tütensuppen und versuchen dabei, die Gedanken an die in den Secret Lakes schwimmenden Fische zu vertreiben. Da wir vier keine passionierten Angler sind und nur dann fischen, wenn

**Die Tufa Mounds**

serer Sandbank ein schweres Gewitter mit mächtigen Regenschauern, das den Boden aufweicht und das Flußbett unpassierbar macht. So löffeln wir also es erforderlich ist, beschließen wir, nicht noch einen weiteren Tag zu verlieren und brechen am nächsten Morgen bei wieder herrlichem Wetter auf.

## Sunblood Mountain

Mit guter Strömung fahren wir jetzt recht zügig weiter den Fluß hinab. Immer wieder teilt er sich in Nebenarme auf, und gelegentlich befahren wir auch einen dieser Seitenarme, die meist schmal und seicht sind, aber durch den dichten Baumbewuchs mitunter den Eindruck vermitteln, als ob man durch einen grünen Tunnel fährt. Der Nahanni verändert ständig sein Gesicht. Eine hundertprozentig exakte Flußkarte wird es daher niemals geben können, da immer wieder Inseln neu entstehen oder fortgewaschen werden, Seitenarme verschlammen oder neue hinzukommen. Die Ufer werden ausgewaschen und unterhöhlt, und die an der Abbruchkante stehenden Bäume ragen oftmals bedrohlich weit, nahezu waagerecht, auf das Wasser hinaus. Man fragt sich, wieso sie nicht längst ins Wasser gefallen sind, und erwartet jeden Moment den Aufprall aufs Wasser. Aber wie von einer unsichtbaren Riesenfaust gehalten, harren sie in der Schwebe aus. Doch sollte man sich hüten, unter solchen Bäumen hindurchzufahren, denn irgendwann schlägt auch ihnen die Stunde, und sie stürzen von einer Sekunde zur anderen mit lautem Knallen ins Wasser. Wir selbst sind einmal nachts aus tiefstem Schlaf hochgeschreckt, als wir plötzlich einen lauten, scharfen Knall hörten und vermuteten, daß unmittelbar neben unseren Zelten jemand ein Gewehr abgeschossen haben müßte. Als wir trotz aller Sucherei nichts entdecken konnten, sahen wir schließlich einen frisch abgebrochenen Baumriesen am gegenüberliegenden Ufer vorbeitreiben. Seine Wurzeln hatten den Halt verloren und waren mit besagtem Knall ins Wasser gestürzt.

An einer Flußbiegung entdecken wir plötzlich eine halb verfallene Blockhütte, deren vordere Hälfte über die ausgewaschene Abbruchkante des Ufers hinwegragt. Erstaunt über diesen Fund, legen wir am Ufer an, klettern den Geröllhang empor und nehmen diese Hütte in Augenschein. Es ist zweifelsohne eine alte Hütte, die einer, höchstens zwei Personen als Unterkunft gedient haben konnte. Altes, verrostetes Geschirr, ein zerbrochenes Kojengestell und einige andere, nunmehr wertlose Habseligkeiten liegen verstreut auf dem Boden herum. An den Wänden sieht man die Überreste alter Zeitungsfetzen, die dem ehemaligen Bewohner offensichtlich als Tapete gedient haben mochten. Erstaunlicherweise sind sogar noch einige Passagen der Zeitung lesbar, und wir entdecken – nicht ohne Staunen – das Datum des Jahres 1942. Es hat zu der Zeit nicht viele Leute gegeben, die trotz aller heraufbeschworenen Gefahren den Weg zum Nahanni suchten. Von den wenigen, die es dennoch wagten, gab es nur einige Personen, die sich sogar ein Blockhaus bauten, um dort längere Zeit zu leben. Eine von ihnen war – ich erwähnte es bereits – Albert Faille gewesen, der auch, wie wir später erfahren sollten, diese Hütte gebaut hatte. Wir untersuchen die Hütte und die Umgebung, finden noch allerlei alte Relikte, die wir aber alle an ihrem Platz belassen, und versuchen uns vorzustellen, was in einem Mann wie Albert Faille vorgegangen sein mag, der trotz aller Gerüchte ganz alleine und fernab jeglicher Zivilisation gelebt hatte. Es wird vielleicht noch ein, höchstens zwei Jahre dauern, bis das Steilufer, auf dem die Hütte steht, zusammenbricht und mit ihr die Hütte vom South Nahanni fortgewaschen wird. Mit ihr wird ein Dokument aus der Pionierzeit des South Nahanni unwiederbringlich verlorengehen.

Früh am nächsten Morgen – es ist der 26. Juli – sitzen wir in den Booten und paddeln mit höchster Aufmerksamkeit einem immer stärker werdenden Rauschen entgegen. Wir konnten das Rauschen

**Ein Elch nimmt ein abendliches Bad im eisigen Nahanni.**

**Links von oben nach unten: Eine Lilie, eine Orchidee die zu den nördlichsten der Erde zählt. Der Indian Paintbrush – der indianische Malerpinsel der durch seine leuchtende Farbe ins Auge sticht.**

**Ein Schwarzbär passiert unser Lager, ohne uns die geringste Aufmerksamkeit zu schenken. Der Tisch ist für die Tiere in der Natur reichlich gedeckt.**

**Stimmungsvolle Abende runden jeden Tag ab und lassen ihn zu einem unvergeßlichen Erlebnis werden.**

**Unvermittelt sehen wir uns den Überresten eines alten Blockhauses gegenüber. Diese Hütte gehörte einst dem Flußpionier Albert Faille. Es ist nur noch eine Frage der Zeit, bis dieses historische Bauwerk vom Nahanni fortgewaschen wird.**

schon von unserem letzten Lagerplatz aus hören und spüren jetzt eine leichte Spannung in uns aufsteigen, als das Rauschen immer mächtiger wird und wir plötzlich in einiger Entfernung vor uns weiße Schaumkronen aufblitzen sehen. Wir halten uns in der Nähe des rechten Ufers, sehen hier eine gute Landemöglichkeit und ziehen die Boote auf einen freien Platz, wo sie gut geborgen vor der starken Strömung liegen. Vor uns liegen die Virginia Falls, die höchsten Wasserfälle Kanadas. Ein wenig abseits des Flusses finden wir einen regulären Campingplatz, der von Angestellten des Nationalparks eingerichtet worden ist.

Rund zehn Kilometer flußaufwärts hatten wir bereits eine weitere Warden-Station passiert, die aber derzeit unbewohnt war. Wir suchen uns einen geeigneten Lagerplatz, an dem wir unsere Ausrüstungsgegenstände abladen, gehen dann zu den Booten zurück und fahren auf die andere Seite des Flusses. Dort erhebt sich ein großer gelblich leuchtender Berg, der den Namen »Sunblood Mountain« trägt. Der Name »Sunblood Mountain« – zu deutsch: »Sonnenblutberg« – mag zwar etwas theatralisch klingen, je nach den Lichtverhältnissen entwickelt das Gestein dieses Berges jedoch eine so leuchtend gelblich-rötliche Färbung, daß dieser Name letztlich eine treffende Bezeichnung ist. Wir hatten gehört, daß man von seinem Gipfel aus einen phantastischen Überblick auf das ganze Nahannital und auf die Fälle haben soll. So laufen wir denn los, mit einem kleinen Rucksack voller Proviant und einer ausreichend großen Wasserflasche. Letzteres ist sehr wichtig, denn am Berg selbst findet man um diese Jahreszeit nicht den kleinsten Tropfen Wasser. Wir nehmen nicht den direkten Weg zum Sunblood Mountain, sondern schlagen einen Bogen und klettern mühselig einen Geröllhang hinauf, von dessen Scheitelpunkt wir einen Einblick in die dahinter liegenden Täler erhalten. Wir bleiben jetzt immer auf dem Rücken dieses Höhenzuges und gelangen schließlich nach einem recht langen Marsch auf den rund 1600 Meter hohen Gipfel des Sunblood Mountain. Der Gipfel selbst ist leider durch ein Gebilde verunstaltet, das Ähnlichkeit mit einer Rakete hat und in dem ein Funkverstärker oder etwas Ähnliches untergebracht sein soll. Einige Meter davon entfernt steht ein kleiner, aus losen Felsbrocken zusammengesetzter Turm, worin wiederum ein altes Marmeladenglas steckt, in dem einige Zettel mit Namen und Anschriften von Besuchern des Sunblood Mountain stecken. Man hat einen herrlichen Blick vom Sunblood Mountain auf das Nahannital und auf die umliegenden Berge. Allerdings hatten wir uns einen besseren Ausblick auf die Fälle erhofft, die man von hier zwar gut ausmachen kann, ihre Ausmaße und die Abbruchkante selbst aufgrund der relativ großen Entfernung aber nur erahnen kann. Es ist heiß und trocken, und wir sind völlig durchgeschwitzt. Die leichte Brise, die hier oben weht, wird dankbar von uns wahrgenommen, und nach einer Stunde machen wir uns auf den Rückweg. Verschwitzt und schmutzig erreichen wir schließlich gegen Abend wieder unsere Boote und fahren über den Fluß zu unserem Lagerplatz. Heute kann uns auch das eisige Wasser des Nahanni nicht von einem Bad abhalten.

Uns erscheint der Ausflug auf den Sunblood Mountain zwar lohnenswert, aber nicht unerläßlich. Es gibt andere Touren, die ich für noch eindrucksvoller und schöner halte und wo sich nur sehr, sehr selten Menschen hin verirren. Einige dieser lohnenswerten Alternativen werden wir noch kennenlernen.

**Die Steinpyramide auf dem Gipfel des Sunblood Mountains. Von hier aus hat man einen Überblick über die Virginia Falls.**

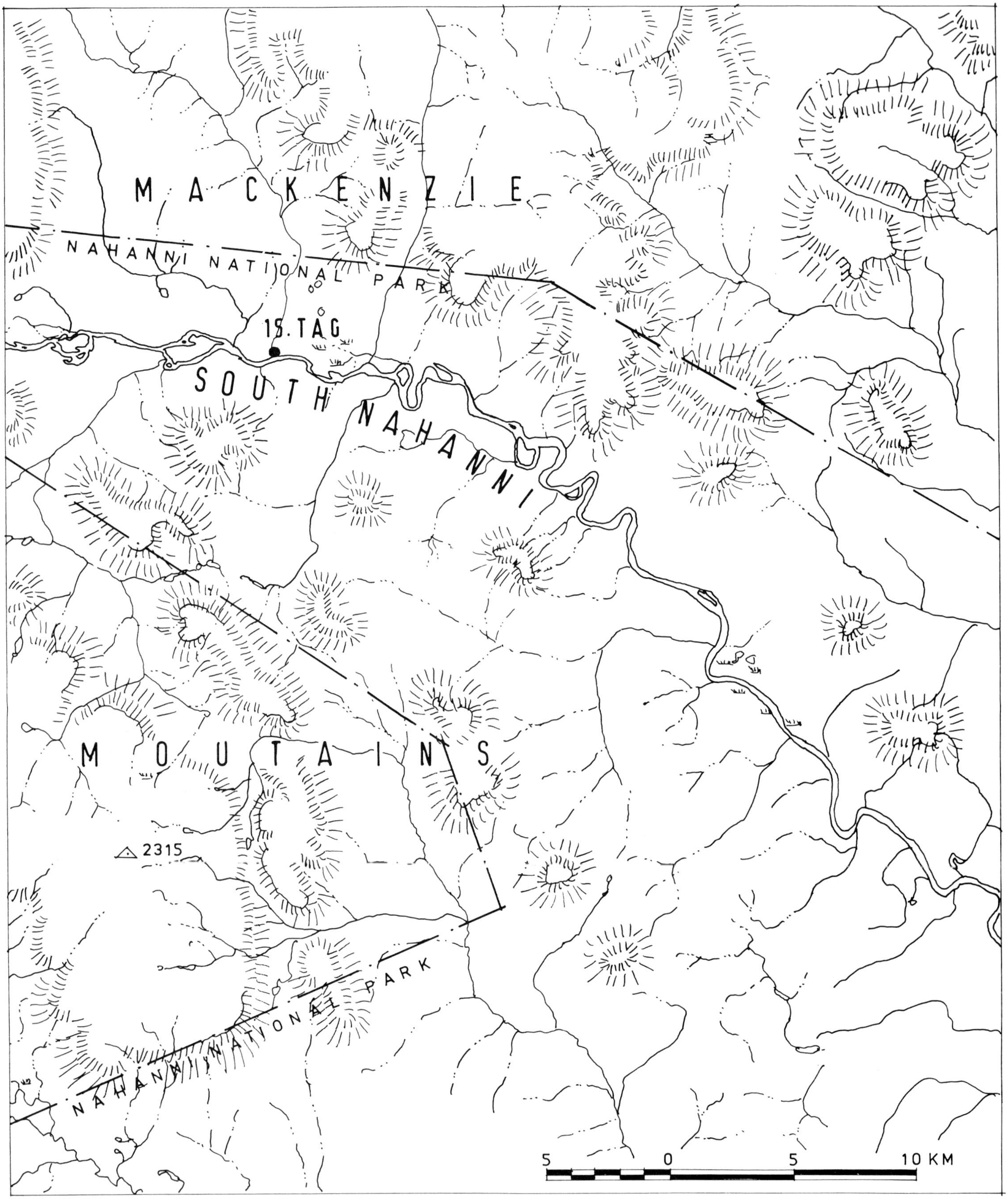

MACKENZIE
NAHANNI NATIONAL PARK
15. TAG
SOUTH NAHANNI
MOUTAINS
2315
NAHANNI NATIONAL PARK
5 0 5 10 KM

## Die Virginia Falls

Noch am selben Abend nach der Besteigung des Sunblood Mountain gehe ich allein durch den Wald in Richtung Virginia Falls. Obwohl es bereits 10 Uhr abends ist, ist es immer noch warm und mild. Je näher ich den Fällen komme, desto größer wird die Spannung in mir, und schließlich verfalle ich, ohne so recht darüber nachzudenken, in einen leichten Dauerlauf und jogge das letzte Stück durch den Wald. Wasser hat auf mich von jeher eine große Anziehung ausgeübt. Die Dynamik, die geheimnisvolle Tiefe und letztlich auch die Urgewalt, der nichts zu widerstehen vermag, faszinieren mich noch heute. Wasser ist der Quell allen Lebens, ist kreativ und destruktiv zugleich. Während es hier am Nahanni eine der eindrucksvollsten Landschaften formt, reißt es zugleich ganze Baumgruppen mit sich fort und hinterläßt an ihrem einstigen Standort nichts als einen schlammigen Morast. Sich diesem Element zu stellen, sich mit ihm zu arrangieren und schließlich von seiner Kraft und Energie zu profitieren, stellt für mich einen unbeschreiblichen Reiz und eine große Genugtuung dar. Nicht die menschliche Kraft, sondern lediglich der Geist kann sich mit der Gewalt des Wassers messen. Wenn es einem gelingt, diese beiden Potentiale in Übereinstimmung zu bringen, ist das Optimum erreicht. Und genau darin – in der Auseinandersetzung zwischen Intellekt und Naturgewalt – liegt für mich

**Die Sluice Box – der Beginn der Virginia Falls.**

gerade ein Reiz, der mich immer wieder derartige Reisen unternehmen läßt. Ein Fluß wie der South Nahanni kann weit mehr sein als lediglich eine Wasserstraße durch den Busch. Er kann nachdenklich stimmen, kann bisherige Wertvorstellungen über den Haufen werfen und einen ins Grübeln und Philosophieren bringen.

Genauso ergeht es mir, als ich jetzt, etwas außer Atem, auf einer Felsplatte am Ufer des Nahanni stehe und auf die mörderischen Stromschnellen blicke, die den eigentlichen Fällen vorgelagert sind. In trügerischer Ruhe gleitet der Nahanni oberhalb dieser Katarakte daher, um schließlich ganz unvermittelt und jäh sein Antlitz zu verändern. Als »Sluice Box« werden diese Eingangsstromschnellen bezeichnet. Der Begriff »Sluice Box« stammt aus der Goldgräbersprache und bezeichnet einen künstlichen Wasserkanal, mit dessen Hilfe Gold aus Sand und Gestein herausgewaschen wurde.

Langsam, fast ein wenig bedächtig gehe ich entlang der Uferböschung, um zur eigentlichen Abbruchkante zu gelangen. Berge von zerborstenen Baumstämmen haben sich mitten im Fluß zwischen einigen Felsbrocken verkeilt. Einige dieser Stämme strecken sich fast in ihrer ganzen Länge nur wenige Zentimeter oberhalb der Wasseroberfläche der Hauptströmung entgegen. Gelegentlich erfaßt eine Welle diese Stämme und biegt sie ohne Mühe bis an

**Eine Felsnadel teilt die Fluten des Nahanni in zwei Fälle auf. Der höhere hat eine Fallhöhe von 91,5 Metern, der andere von 55 Metern.**

die Belastungsgrenze durch, bevor der Stamm pfeilschnell in seine Ausgangsposition zurückfedert. Das Rauschen und Donnern der Fälle läßt jedes andere Geräusch verstummen. Noch einige Meter – und schließlich stehe ich auf einem kleinen Vorsprung, genau an der Abbruchkante der Fälle. Eine Gischtwolke stiebt aus dem Tal empor und läßt nur gelegentlich einen Blick auf das darunterliegende Wasser zu. Die Fälle sind in der Mitte durch eine spitze Felsnadel geteilt. Die größere Fallhöhe und auch die größere Wassermenge liegt auf der rechten Flußseite, an dessen Ufer ich jetzt stehe. 91,5 Meter stürzt sich der South Nahanni an dieser Stelle in die Tiefe und reißt dabei alles mit, was sich ihm in den Weg stellt. Links der Felsnadel stürzt ein immerhin noch 55 Meter hoher Wasserfall in dieselbe Schlucht hinunter und vermengt sich dort wieder mit dem Hauptstrom des Nahanni. Eingeengt durch steile, gelblich-orange gefärbte Felswände suchen die Wassermassen mit gewaltiger Strömung ihren Weg und verschwinden nach kurzer Zeit in den Schluchten des sogenannten IV. Canyons aus meinem Blickfeld.

Man sagt, daß Wasser auch eine unheilvolle Anziehungskraft auf Menschen ausüben kann. Gerade nachts soll es vorgekommen sein, daß einsame Wachgänger auf Schiffen die Herrschaft über ihre Sinne verloren und sich selbstmörderisch in die See stürzten. Jeder, der schon einmal zur See gefahren ist, wird die Anziehungskraft des Meeres verspürt haben. Hier, bei diesen stürzenden Wassern, kann ich diesen Lockruf verspüren. Mir gehen die Worte eines alten, erfahrenen Paddlers durch den Kopf, der ebenfalls die Virginia Falls gesehen hatte und der sein Gefühl dabei folgendermaßen beschrieb: »So furchtbar und endgültig es sein muß, mit einem Kanu über diese Fälle hinwegzustürzen, so wenig wäre ich andererseits angesichts derartiger Naturgewalten erschüttert, darin ein Ende zu finden. Viel schlimmer muß es sein, ein Ende durch Krankheit oder einen Verkehrsunfall zu finden.«

Am nächsten Morgen fahren wir von unserem Lagerplatz noch etwa 500 m dicht am Ufer entlang, bis wir kurz oberhalb der Sluice Box anlanden und die Boote ans sichere Ufer ziehen. Hier beginnt die Portage um die Fälle. Albert Faille hatte als erster einen Weg durch den Busch freigeschlagen, auf dem er seine Ausrüstung um die Fälle herumtrug. Er folgte dabei einem alten Flußbett des Nahanni, das durch glaziale Ablagerungen abgeschnitten worden ist und schließlich verlandete. Albert Faille ließ seinerzeit das Boot, mit dem er flußaufwärts bis zu den Fällen gefahren war, unterhalb der Fälle liegen, da es für ihn alleine viel zu schwer war, es zum Oberlauf des Nahanni zu transportieren. Aus diesem Grunde brachte er sich Baumaterial mit, welches er oberhalb der Fälle beförderte und woraus er ein neues, kleineres Boot zusammenzimmerte. In den 60er Jahren wurde dieser Trail um die Fälle herum vom kanadischen Militär weiter ausgebaut, so daß man heute auf einem Holzsteg die morastigen und schwierigen Stellen passieren kann. Die Gesamtlänge dieser Portage beträgt etwa anderthalb Kilometer. Während Jeff und ich jeweils ein Boot zu zweit zum Fuß der Fälle tragen, schleppen Brigitte und Joey Säcke mit Ausrüstung und Proviant. Dreimal muß jeder von uns den Weg laufen, bevor wir die gesamte Ausrüstung unterhalb der Fälle zusammengetragen haben. Schwarze Gewitterwolken ziehen auf und verdunkeln den Himmel. Es herrscht eine eigenartige Stimmung, die sicherlich kein noch so gut gestaltetes Foto zu vermitteln vermag. Es gibt wohl viele Wasserfälle auf der Erde, die ebenso hoch sind wie die Virginia Falls oder sogar noch höher. Obgleich die Niagara-Fälle lange nicht so hoch sind wie die Virginia-Fälle, mögen sie auf Fotos vielleicht eindrucksvoller erscheinen. Es ist also weniger die Sturzhöhe des Wassers, als vielmehr der gesamte Rahmen, in den diese Szenerie eingebettet ist. Nur weil ich es vorher gelesen habe, weiß ich, wie hoch die Fälle tatsächlich sind. Wüßte ich es nicht, so wäre es mir vermutlich unmöglich, ohne Meßgeräte die

**Gruppenfoto mit Selbstauslöser vor den Virginia Falls. Von links nach rechts: Joey, Brigitte, Arved und Jeff**

Fallhöhe abzuschätzen, und es wäre mir auch völlig einerlei. Entscheidend ist hier wirklich das Schauspiel, die unglaubliche Dynamik und Kraft, die von diesen Fällen ausgeht. Sie bekamen übrigens ihren Namen von einem kanadischen Landvermesser, der die Fälle im Auftrag der Regierung vermaß und ihnen den Namen seiner kleinen Tochter Virginia gab. Heute sind die Virginia Falls bei weitem nicht mehr so isoliert, wie es noch vor einigen Jahrzehnten der Fall war. Sie haben sich auch weit über die Grenzen Kanadas hinaus einen Namen gemacht, und so drängen Jahr für Jahr erlebnishungrige Touristen nach Watson Lake, Fort Simpson oder Fort Liard, um von dort aus mit einem kleinen Wasserflugzeug zu den Fällen zu fliegen. Die Piloten landen oberhalb der Fälle in Höhe des Lagerplatzes und lassen ihren Passagieren ca. zwei bis drei Stunden Zeit, um die Fälle zu inspizieren. Danach geht es wieder zurück in die Zivilisation. Dies mag für viele Leute sicherlich die einzige Möglichkeit sein, die Virginia Falls jemals zu Gesicht zu bekommen, dennoch ist es genauso wenig ein Ersatz für das Dorthinkommen aus eigener Kraft, wie etwa die Besteigung eines Berges im Vergleich zu einer Seilbahnfahrt.

**Das Umtragen der Boote und der Ausrüstung um die Fälle benötigt einige Zeit, ist aber auf dem guten Trail problemlos.**

Die Boote sind beladen und mit den Spritzdekken verschlossen. Wir tragen wieder unseren Kälteschutzanzug, unsere Schwimmwesten und die Helme. Plötzlich öffnet der Himmel seine Schleusen. Blitze zucken am Himmel, der Donner wird von den Wänden des Canyons vielfach zurückgeworfen, und eine wahre Sintflut ergießt sich über uns. Ein letzter Blick zurück zur weißen Wand der Virginia-Fälle, dann steigen wir in die Boote und werden von der Strömung mitgerissen. Nur wenige Minuten, und wir biegen in den vierten oder, wie er auch genannt wird, Five Mile Canyon ein.

**Unterhalb der Virginia Falls beginnt der „Vierte Canyon“ der wieder Wildwasser und eine spektakuläre Landschaft präsentiert.**

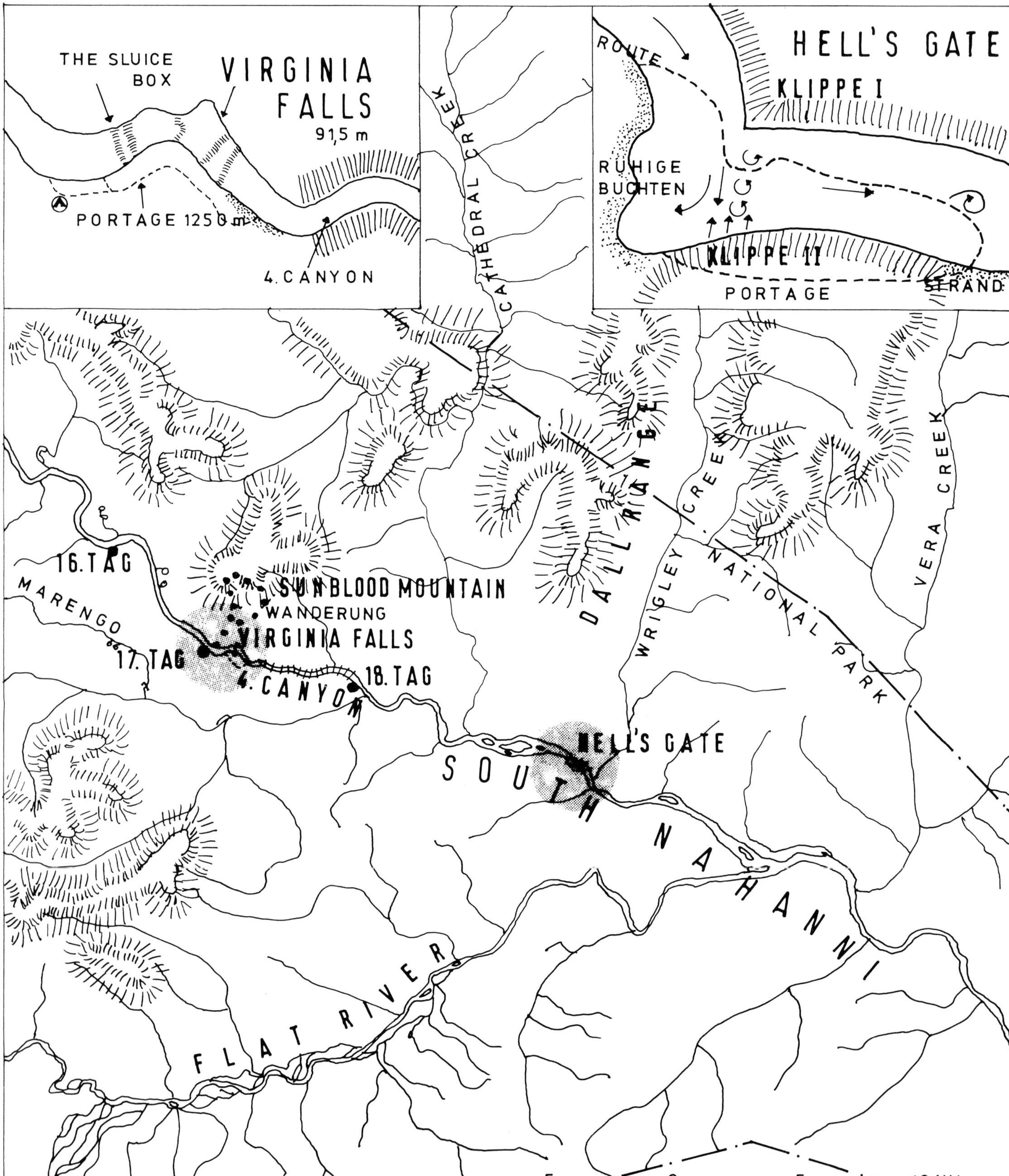
THE SLUICE BOX
VIRGINIA FALLS
91,5 m
PORTAGE 1250 m
4. CANYON
CATHEDRAL CREEK
HELL'S GATE
ROUTE
KLIPPE I
RUHIGE BUCHTEN
KLIPPE II
PORTAGE
STRAND
16. TAG
MARENGO
SUNBLOOD MOUNTAIN
WANDERUNG
VIRGINIA FALLS
17. TAG
4. CANYON
18. TAG
DALL RANGE
WRIGLEY CREEK
NATIONAL PARK
VERA CREEK
HELL'S GATE
SOUTH NAHANNI
FLAT RIVER
5 0 5 10 KM

# Von den Virginia Falls zum Deadmen Valley

Der Five Mile Canyon erfordert wieder unsere ganze Aufmerksamkeit, so daß wir nur gelegentlich einen flüchtigen Blick auf die gelblich-orangenen Felswände werfen können. Das Wasser strömt hier sehr schnell, und immer wieder muß man großen mitten in der Strömung liegenden Felsbrocken ausweichen. Da es jedoch stets genug Platz zu Ausweichmanövern gibt, würde ich den Schwierigkeitsgrad dieser Strecke mit der Klasse I bis II+ beschreiben. An einigen Stellen gibt es je nach Wasserstand sehr hohe, stehende Wellen, die einem schon arg zu schaffen machen können, wie Jeff und Joey feststellen müssen, als sie genau dort hindurchfahren und nur knapp einer Kenterung entgehen. Es gibt aber immer wieder ruhige Ecken und Kehrwasser, in denen man anlegen und verschnaufen und sich in Ruhe die prachtvolle Szenerie des vierten Canyons ansehen kann.

Der vierte – oder Five Mile Canyon – ist von den Virginia Falls aus dem Gestein herausgegraben worden. Die Fälle haben sich im Laufe der Zeit immer weiter flußaufwärts verlagert, da der Felsuntergrund von dem reißenden Wasser ständig abgetragen wird. Dieser Prozeß ist noch nicht abgeschlossen und wird vermutlich solange weitergehen, wie Wasser den Nahanni hinunterfließt.

Viel zu schnell haben wir diesen Canyon passiert. Da es aber immer noch blitzt, donnert und regnet, ziehen wir es vor, unmittelbar am Canyon-Ausgang, kurz vor der Einmündung des Marengo Creeks, unser Lager aufzuschlagen. Erst am nächsten Morgen sehen wir, daß schräg gegenüber auf der linken Flußseite sogar ein kleiner Campingplatz von Parkbediensteten eingerichtet worden ist, auf dem man sein Lager aufschlagen kann. Trotz des Regens entfachen wir ein Lagerfeuer, über dem wir Kaffee kochen und Brot backen. Wir sind heute rechtschaffen müde und daher froh, als wir endlich in unsere Schlafsäcke kriechen können. Das Umtragen um die Virginia Falls bei der schwülen Gewitterstimmung hat doch Spuren bei uns hinterlassen.

Das Gewitter und der Regen kühlen die Luft ab, und am nächsten Morgen blicken wir wieder in einen strahlend blauen Himmel bei klarer und frischer Luft.

## Hell's Gate

»Hell's Gate« – zu deutsch: »Höllentor« – ist zusammen mit den Virginia Falls die bekannteste Sektion am South Nahanni. Viel hat man uns über diese gefürchtete Stromschnelle erzählt, von unberechenbaren Strudeln, von hohen Wellen und von Ertrunkenen ist immer die Rede, wenn die Sprache auf diese Stromschnelle kommt. In der letzten Zeit hat man ein wenig Abstand von dem theatralisch klingenden Namen »Hell's Gate« genommen und die Stromschnelle entsprechend dem Strömungsverlauf »Figure 8 Rapids« – »Figur einer 8-Stromschnelle« – genannt. Unbestritten ist, daß das Hell's Gate, objektiv gesehen, schwierig zu befahren und gefährlich ist. Es ist sicherlich die schwierigste Stromschnelle auf dem gesamten South Nahanni, und je nach Wasserstand würde ich ihren Schwierigkeitsgrad mit Klasse III bis IV einstufen. Der Schwierigkeitsgrad einer Stromschnelle darf aber letztendlich nicht daran gemessen werden, wieviele Personen in ihr ertrunken sind, denn dabei würden ja Fahrlässigkeit und Unerfahrenheit unberücksichtigt bleiben. Wenn auch nur die Spur einer Unsicherheit darüber besteht, ob man den Schwierigkeitsgrad dieser Stromschnelle meistern kann oder nicht, dann sollte man in jedem Fall Abstand von dem Plan einer Befahrung nehmen. Es ist weniger die wassertechnische Schwierigkeit als vielmehr die unmittelbare Gefahr, die vom Hell's Gate ausgeht. Wenn man kentert, aus welchem Grund auch immer, wird man unweigerlich von dem dahinschießenden Wasser gegen die Prallwand gedrückt, von Strudeln und Strömungen nach

Oben: Wir nähern uns einer kritischen Stelle, dem Hell's Gate. – Rechts: Blick von Klippe II auf das Hell's Gate. Der friedliche Eindruck trügt – die Wasserwucht ist gewaltig und die Strudel und Wirbel sehr gefährlich.

**Brigitte und Arved fahren in das Hell's Gate ein. Hier muß jeder Handgriff sitzen und es darf keinerlei Mißverständnisse geben.**

unten gezogen, und keiner soll glauben, daß er sich etwa selbst aus einer solchen Situation befreien könne. Ob Hilfe von außen möglich ist, und ob diese zudem rechtzeitig kommt, ist mehr als fraglich. Ein kleiner Fehler kann reichen, das Boot zum Kentern zu bringen – der weitere Ablauf entzieht sich der Entscheidungsfreiheit des unfreiwilligen Schwimmers. Mit viel Glück spuckt ihn das Hell's Gate unversehrt, lediglich mit einem tüchtigen Schrecken versehen, wieder aus. Die andere Möglichkeit habe ich gerade beschrieben.

Glücklicherweise läuft man nicht unvermutet in das Hell's Gate ein, sondern die zunehmende Strömung läßt erahnen, daß sich hier etwas Größeres anbahnt. Schließlich verengt sich der Nahanni und macht eine scharfe Biegung nach rechts (s. Skizze Seite 76), wobei er auf der linken Flußseite von steilen Felswänden begrenzt wird. Auf der rechten Flußseite herrscht nur sehr wenig Strömung, und man kann eigentlich überall ohne Schwierigkeiten anlegen. Die Hauptströmung verläuft an der anderen Seite des Flusses, entlang dem Steilufer. Wir fahren vorsichtig am rechten Flußufer entlang, bis wir schließlich in eine ruhige Bucht hineinfahren und die Boote dort an Land ziehen. Mit Fotoapparat und Fernglas versehen, gehen wir zu Fuß weiter und treffen nach wenigen Minuten auf die Portage, auf der man Boote und Ausrüstung das kurze Stück um die

Stromschnellen herumtragen kann. Wir treffen hier auf eine kleine Gruppe Amerikaner, die bereits dabei sind, ihre Boote zu entladen und umzutragen. Sie verfügen nur über wenig Wildwasser-Erfahrung und haben sich vernünftigerweise entschieden, das Hell's Gate zu umgehen. Wir vier gehen zur Prallwand (Klippe 2), von wo aus wir einen idealen Ausblick auf die Stromschnelle haben. Eine Zeitlang ist jeder für sich damit beschäftigt, den Strömungsverlauf zu studieren, beziehungsweise die Möglichkeiten einer Befahrung herauszulesen. Schließlich, nachdem sich jeder ein Bild gemacht hat, diskutieren wir unsere Erkenntnisse, wobei jede Eventualität und jeder Einwand sorgfältig erwogen wird, um dann schließlich einstimmig zu dem Entschluß zu kommen, das Hell's Gate zu befahren. Von unserem Standpunkt aus können wir gut erkennen, mit welcher Urgewalt der Nahanni gegen die Klippe anbrandet. Schäumend bricht sich das Wasser und strömt zu beiden Seiten der Prallwand fort, vollführt in Strudeln einen Kreisbogen zur Hauptströmung zurück, um sich ihr wieder anzuschließen und erneut gegen die Klippe zu laufen. Ein regelrechter Mahlstrom, ein brodelnder Kochtopf liegt unter uns. Dieser kreisförmige Strömungsverlauf ist auch der Grund für die Bezeichnung »Figure 8 Rapids«, denn mit ein wenig Phantasie beschreibt die Strömung hier tatsächlich die Form einer Acht. Zustande gekommen ist die Stromschnelle durch die abrupte Richtungsänderung im Flußbett sowie das starke Gefälle. Der ersten scharfen Rechtskurve kann der Fluß noch ohne nennenswerte Turbulenzen folgen, die kurz darauf folgende 90°-Wendung nach links hingegen vermag die Strömung nicht mehr zu nehmen. Sie quert einmal genau das Flußbett, um an besagter Prallwand in eine neue Richtung gezwungen zu werden, was sie offensichtlich nur sehr widerspenstig macht. Die Strömung legt sich wie eine Barriere quer vor den Ober- und Unterlauf des Nahanni. An den Außenrändern der Hauptströmung, die durch die schäumenden Wellen ein höheres Niveau als der Rest des Flusses hat, liegen immer wieder trügerisch ruhige Stellen, die sich beständig im Kreis drehen und in deren Mitte ein nach unten gerichtetes Loch zu sehen ist. Strudel, denen man unbedingt ausweichen sollte.

Es ist keine leichtfertige Entscheidung, als wir uns dazu entschließen, das Hell's Gate zu befahren, sondern die logische Folgerung aus dem Geist unserer Expedition sowie unserem paddlerischen Können. Sorgfältig werden die Spritzdecken festgezurrt, Brigitte und ich tragen wieder unsere Kälteschutzanzüge, die Schwimmwesten werden angelegt und die Helme aufgesetzt, und schließlich werden die Plätze im Boot eingenommen. Jeff und ich haben unsere Kameras der amerikanischen Gruppe gegeben, die jetzt oben auf der Prallwand steht und uns gespannt beobachtet. Jeff und Joey fahren als erste los. Zunächst geht es ein Stück flußaufwärts, um rechtzeitig vor der eigentlichen Stromschnelle das linke Ufer und damit die Hauptströmung zu erreichen. Gespannt beobachten wir, wie sie in den Fluß queren, ihr Boot wenden und plötzlich von der Strömung mitgerissen werden. Erst wenn man ein Objekt auf dem Wasser treiben sieht, kann man die eigentliche Strömungsgeschwindigkeit ermessen. Rasend schnell passieren sie die Klippe 1, reiten genau auf dem Wellenkamm der Hauptströmung und schaffen es, rechtzeitig vor der Prallwand den Kamm zu verlassen und durch Strudel und Wirbel sicher in den Unterlauf zu gelangen. Jetzt sind wir dran! Nachdem wir unser Boot ebenfalls ein Stück flußaufwärts gezogen haben, verständigen wir uns ein letztes Mal und fahren in die Hauptströmung ein.

**Geschafft – unser Boot passiert die Klippe I**

Mir erschien der Ritt von Jeff und Joey auf dem Wellenkamm als zu lang und zu gefährlich, da wirklich nur Sekunden darüber entscheiden, ob man freikommt oder nicht. Ich beabsichtige daher, direkt nach dem Passieren der Klippe 1 den Wellenkamm zu verlassen, um in das dahinterliegende Wasser zu fahren und somit aus der Hauptströmung herauszukommen. Allerdings hatte ich von Land aus schon gesehen, daß es dort tiefe Strudel und Gegenströmungen gibt, denen wir Rechnung tragen müssen.

In nur etwa zwei Meter Entfernung rasen wir an der Klippe 1 entlang, passieren in Sekundenschnelle die scharfe Kante der Klippe und stecken mittendrin in dem höllischen Kochtopf. Einige blitzschnelle Manöver, Brigitte paddelt mit aller ihr zur Verfügung stehenden Kraft und wird dabei immer wieder von Wellen überspült, schließlich wird das Boot von der Gegenströmung erfaßt und aus voller Fahrt herumgerissen. Dies ist der kritischste Moment. Dieses abrupte Stoppen, das Überleiten in eine andere Strömungsrichtung kann die Balance bedrohlich durcheinanderbringen. Es ist etwa ein Gefühl, als wenn man von einer noch fahrenden Straßenbahn auf eine entgegengesetzt laufende Rolltreppe abspringt. Trotzdem gelingt es uns, das Boot aufzufangen, hängen für einige Sekunden wie festgenagelt in einem der Strudel fest und können gerade rechtzeitig, bevor wir in die Hauptströmung wieder hineingezogen werden, die Gefahrenstelle verlassen. Der ganze Vorgang lief rasend schnell ab, und als wir schließlich am anderen Ufer von Jeff und Joey stürmisch empfangen werden, wird uns erst so recht bewußt, daß wir das »Höllentor« passiert haben.

Nach einer kräftigen Brotzeit steigen wir wieder in die Boote und paddeln entspannt und in aller Ruhe weiter. Einige Kilometer hinter dem »Höllentor« mündet der Wrigley Creek in den South Nahanni. Dieser Wrigley Creek führt unglaubliche Schlammmengen mit sich und verfärbt das Wasser des Nahanni in eine trübe, braune Brühe, die sich erst viel später aufzulösen beginnt. Da der Wrigley ebenfalls eine sehr starke Strömung hat, entstehen beim Zusammenfluß Verwirbelungen und Wellen, so daß man an dieser Stelle vorsichtig sein sollte. Danach bleibt der Fluß ruhig. Etwas später erreichen wir die Einmündung des Flat River in den South Nahanni. Der Flat River ist sicherlich ein Abenteuer für sich und wartet mit einer ganzen Reihe Attraktionen auf (s. Schlußkapitel). Wir fahren weiter und schlagen unser Lager bei der Einmündung des Mary River auf. Ein langer und ereignisreicher Tag liegt hinter uns.

## Eine Gratwanderung

Am nächsten Morgen sind wir früh auf den Beinen und brechen das Lager ab. Etwa 500 m hinter der Einmündung des Mary River mündet ein weiteres kleines, um diese Jahreszeit ausgetrocknetes Flußbett in den Nahanni. Dieses ausgetrocknete Flußbett, das unmittelbar am Anfang des dritten Canyons liegt, läßt sich leicht erkennen, und wer genügend Zeit hat, sollte hier anlanden und seine Boote aufs Trockene ziehen. Wir sind heute nur mit T-Shirt, Turnhose und Bergstiefeln bekleidet und führen einen kleinen Rucksack mit Proviant und Wasser mit. Dann folgen wir dem Flußbett, das durch einen engen Bergeinschnitt verläuft und zu dieser frühen Tageszeit noch im Schatten liegt. Riesige Felsbrocken, vom Wasser geschliffen und poliert, bilden den Untergrund des Flußbettes, und wie auf gigantischen Treppenstufen gewinnt man langsam an Höhe. In einigen Mulden haben sich die Überreste des einstigen Flusses gesammelt, und gelegentlich sprudelt sogar frisches Quellwasser an die Oberfläche. Schließlich, nachdem wir eine ganze Zeitlang nur bergauf gegangen sind, öffnet sich die Schlucht, durch die wir bislang gelaufen sind, und ein grünes Hochtal breitet sich vor uns aus. Wir folgen weiterhin dem Flußbett, das dieses Tal durchschneidet, und machen schließlich an einer kleinen Quelle die

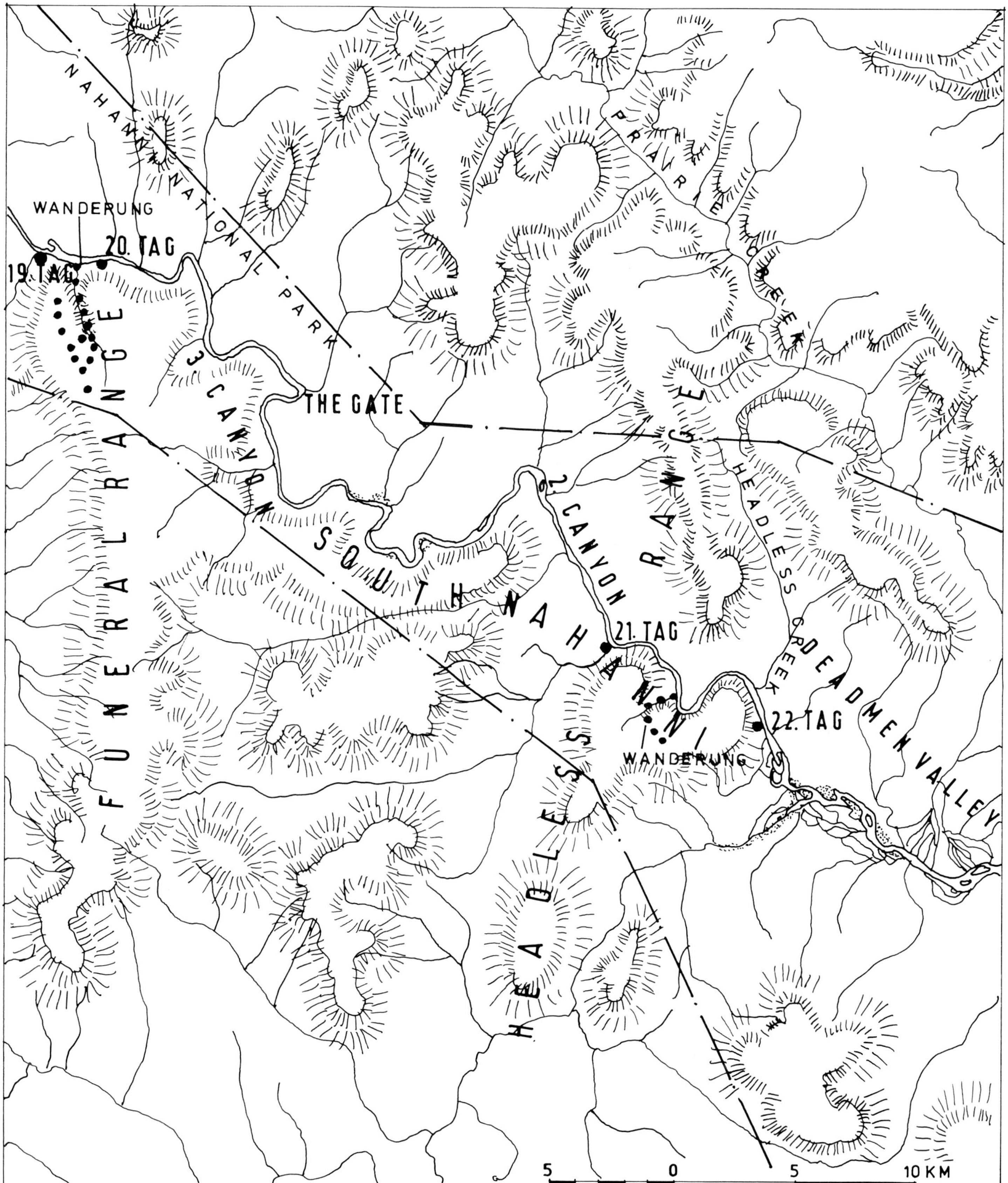

NAHANNI NATIONAL PARK
PRAIRIE CREEK
WANDERUNG
20. TAG
19. TAG
FUNERAL RANGE
3. CANYON
THE GATE
SOUTH NAHANNI
2. CANYON
RANGE
HEADLESS CREEK
21. TAG
DEADMEN VALLEY
22. TAG
WANDERUNG
HEADLESS RANGE
5 0 5 10 KM

**Die Mühen des Aufstieges sind schnell vergessen, wenn man einmal den Grat erreicht hat. Solche Wanderungen vermitteln einen Eindruck über die Gewaltigkeit des Landes. Menschenleere Wälder, Täler und Berge soweit das Auge reicht.**

erste Rast. Danach verlassen wir den Flußlauf, halten uns rechts und steigen in Serpentinen den steilen Hang empor, der dieses Tal nach Süden hin begrenzt. Die Sonne brennt jetzt mit aller Macht auf uns hernieder, und wir sind froh, daß wir eine Wasserflasche dabeihaben. Der Hang ist höher und an manchen Stellen steiler, als er von unten erscheinen mag, bietet aber keinerlei technische Schwierigkeiten, man muß halt lediglich ein wenig Kondition mitbringen. Einmal oben angelangt, vergißt man sofort die Mühen des Aufstiegs, weil sich oben auf dem Grat ein phantastisches Panorama darbietet. Folgt man dem Grat ein Stück in nördlicher Richtung, dann steht man bald an einem Steilabfall und sieht tief unter sich den Nahanni liegen. Zu seiner linken sieht der Betrachter den Mary River, an dessen Einmündung in den Nahanni wir gestern gecampt hatten. Bis zum Horizont erstrecken sich ungezählte Berge, und es ist nur schwer vorstellbar, daß dieses Gebiet menschenleer sein soll.

Der Höhenzug, auf dem wir uns jetzt befinden, rahmt das gesamte Hochtal ein, und wenn man will, kann man, dem Grat folgend, auf der Nordseite des Tales wieder hinabsteigen. Mit ein wenig Glück findet man Karibus und wilde Schafe, die meistens nur ganz erstaunt stehenbleiben, da sie zuvor wahrscheinlich noch nie auf Menschen gestoßen sind. Den Zugang zu dieser Gratwanderung kennen bislang nur sehr wenige, und einige mögen sicherlich auch die Mühen scheuen, die mit diesem Aufstieg verbunden sind. Stellte ich aber einen Vergleich mit der Besteigung des Sunblood Mountain an und müßte ich mich für einen der beiden entscheiden, dann würde dieser in jedem Fall zugunsten der Gratwanderung ausfallen.

## Durch die mittleren Canyons zum Deadmen Valley

Am Morgen nach der Gratwanderung fahren wir in den dritten Canyon hinein. Der Nahanni hat sich hier seinen Weg durch die sogenannte »Funeral Range« gegraben. Die Hänge sind nicht ganz so steil wie die des Five Mile Canyon, da hier die Berge zumeist aus weicherem Sandstein bestehen, der im Laufe der Zeit ausgewaschen worden ist. Gerade durch die Nachgiebigkeit des Gesteins haben sich zum Teil bizarre Formationen gebildet, die in einem interessanten Kontrast zu dem vorangegangenen Canyon stehen. Nur dort, wo Kalkstein dominiert, fallen die Wände des Canyons vertikal zum Nahanni ab. Den Höhepunkt dieses dritten Canyons bildet zweifellos eine Stelle im Fluß, die treffend den Namen »The Gate« – zu deutsch: »Das Tor« – trägt. Ähnlich wie bei dem Hell's Gate verengt sich das Flußbett plötzlich und macht einen jähen Knick nach rechts. Anstatt an dieser Stelle, wie man eigentlich vermuten sollte, auf schäumendes Wildwasser zu treffen, folgt der Nahanni bereitwillig und ohne jede nennenswerte Verwirbelung der 90°-Kurve.

**Der South Nahanni kurz vor dem Deadmen Valley.**

Vermutlich ist das Flußbett an dieser Stelle so tief, daß die Wassermenge trotz der Verjüngung des Flußbettes genügend Raum findet.

Links und rechts des Nahanni steigen die schwärzlichen Felsen senkrecht 460 m hoch in den Himmel. Wir fahren am Eingang des Gate ans Ufer und betrachten staunend dieses monströse Kunstwerk der Natur. Man braucht schon ein gutes Weitwinkelobjektiv, um die ganze Szenerie – Fluß und Schlucht – auf ein Bild bannen zu können. Auf der linken Flußseite steht zudem ein einzelner hoher Felsen, der wie eine überdimensionierte Kanzel einer Kathedrale aussieht und entsprechend den Namen »Pulpit Rock« trägt. Schon aus einiger Entfernung betrachtet wirkt das Gate gigantisch. Die wahren Dimensionen hingegen vermag man erst dann vollständig zu erfassen, wenn man sich in seinem Kanu durch das Gate treiben läßt und zu beiden Seiten die scheinbar nicht enden wollenden Felswände betrachtet. Wer diesen Moment fotografisch festhalten will, muß schon ein Superweitwinkelobjektiv verwenden, und selbst dann wird er Schwierigkeiten haben, ein der Realität entsprechendes Foto zu machen. Es ist der wahre Gigantismus, den das Nahannital hier offenbart.

Unmittelbar hinter dem Gate liegt auf der linken Flußseite eine kleine Bucht, in der man gut anlanden kann und wo es sogar eine von Parkbediensteten eingerichtete Feuerstelle und Tische gibt. Campen ist hier verboten, um den Platz freizuhalten und jeden Reisenden in den stillen und vielleicht auch andächtigen Genuß dieses Naturschauspiels kommen zu lassen. Brigitte und ich sind als erste durch das Gate gefahren und beobachten jetzt, wie Jeff und Joey uns folgen. Winzig klein macht sich ihr Boot zwischen den Felswänden aus und liefert damit eindrucksvoll einen Maßstab für die Größenverhältnisse.

Bei guter Strömung kommen wir schnell voran, wobei sich die Landschaft immer wieder verändert und mit neuen interessanten und eindrucksvollen Abschnitten aufwartet. Steile Felsschluchten wechseln mit sanften, bewaldeten Berghängen ab, der Himmel ist von einem strahlenden Blau, und wir alle sind mittlerweile so braungebrannt, als kämen wir gerade von einem Badeurlaub aus Florida zurück. Der Fluß bietet in diesem Abschnitt wassertechnisch keinerlei Schwierigkeiten, und so lassen wir uns meistens bei guter Strömung einfach treiben, um uns in Ruhe die Landschaft anzusehen. Auf diese gemächliche Reiseart passieren wir am selben Tag noch den zweiten Canyon, in dem wir schließlich einen geeigneten Lagerplatz finden, um über Nacht zu bleiben.

Von einem Parkwarden hatten wir erfahren, daß am Ausgang des zweiten Canyons der Nahanni eine scharfe Kurve nach links vollführt, bevor er schließlich in das »Deadmen Valley« einmündet. Unmittelbar vor dieser Linkskurve gibt es wiederum einen sogenannten »Dry Wash«, ein ausgetrocknetes Flußbett auf der rechten Seite des Nahanni, an dem man unbedingt verweilen sollte. Dieser Dry Wash ist Ausgangspunkt für eine weitere Wanderung, die den mühsamen Aufstieg über Geröll und steile Hänge mit dem, wie ich finde, großartigsten Ausblick über den zweiten Canyon sowie das Deadmen Valley belohnt. Den Dry Wash kann man eigentlich gar nicht verfehlen, und auch wenn der Aufstieg, gerade bei Hitze, mühselig und staubig ist, so sollte man darüber hinwegsehen, sich mit Wasser und Proviant versorgen, festes Schuhzeug anziehen und sich auf den Weg machen. Der erste Abschnitt ist einfach, man braucht lediglich dem ausgetrockneten Flußbett zu folgen, das zunächst nur ganz langsam ansteigt. Nachdem man dort etwa ein bis zwei Kilometer gelaufen ist, biegt man an einer geeigneten Stelle nach links ab, sucht sich einen Weg durch das Gebüsch und beginnt dann den Hang, der sich entlang der linken Seite des Flußbettes erstreckt, emporzusteigen. Überflüssig zu erwähnen, daß es dort natürlich keine Pfade oder Markierungen gibt; jeder ist dort sein eigener Pfadfinder und muß sich nach den Geländegegebenheiten einen geeigneten Weg suchen. Ich möchte davor warnen, mit Turnschuhen zu laufen, da das Gelände streckenweise sehr uneben ist und man sich sehr schnell im Geröll einen Knöchel verstauchen kann. Dieser Tip gilt übrigens für alle Touren, die man im Nahannigebiet unternimmt; ein Paar feste Bergstiefel sollten unbedingt mitgeführt werden. Besonders beim Abstieg durch das Geröll wird man sonst so manche unliebsame Erfahrung machen.

Da der Aufstieg zwar unproblematisch, aber dennoch mühselig ist, mag sich der eine oder andere vielleicht fragen, ob sich der Einsatz überhaupt lohnt. Und ob er das tut! Nach einer ganzen Weile erreicht man schließlich eine kleine Almwiese, von der aus man den besagten phantastischen Blick auf den Nahanni, den Canyon und das Deadmen Valley hat. Mit einigem Glück kann man wilde Schafe und Adler sehen, es gibt weiches Gras zum Lagern, und mit der Szenerie um einen herum hat man unvermittelt den Eindruck, als habe man einen Logenplatz dieser Welt erobert. Geübte Kletterer können sogar noch ein höher gelegenes Niveau erklimmen und von dort aus über Grate und Höhenzüge quasi auf der Canyonkante entlangwandern. Der Aufstieg zu diesem höheren Niveau erfordert schon einige bergsteigerische Fähigkeiten und wird besonders durch das lose und brüchige Gestein zum Teil gefährlich. Jeff und ich sind dort hinaufgestiegen und mußten dabei höllisch aufpassen, daß wir uns nicht gegenseitig mit losgetretenen Felsbrocken bombardierten. Der Ausblick von der Canyonkante unterscheidet sich aber im wesentlichen auch nicht von dem des unteren Niveaus, so daß man getrost auf der Almwiese seine Brotzeit abhalten kann. Für unsere Begriffe ist dieser Ausblick auf den Nahanni der schönste, den wir im Verlauf der gesamten Reise kennengelernt haben.

# Deadmen Valley

Noch von unserer Aussichtsplattform konnten wir sehen, wie der Nahanni in einer letzten Biegung die Steilwände des zweiten Canyons verläßt und in ein grünes, dicht bewaldetes Tal mündet, das geradezu einer Einladung zum Verweilen gleichkommt.

Tiefe Schluchten können, bei aller Naturschönheit, mitunter auch ein Gefühl der Beklemmung auslösen, und so erscheint uns der Kontrast, den dieses üppige Tal zu der vorangegangenen Flußstrecke darstellt, geradezu paradiesisch. Der Nahanni ist jetzt nicht mehr durch schroffe Felswände eingeengt und sucht sich infolgedessen, wie von einem Zwang befreit, ein weit auseinandergezogenes Flußbett, in dem immer wieder Inseln und Sandbänke auftauchen. Dieses Tal, das abgeschieden von dem Rest der Welt und von hohen Berggipfeln eingegrenzt vor uns liegt, strömt ein Gefühl voller Harmonie und Friedfertigkeit aus. Doch will man der Geschichtsschreibung Glauben schenken, dann ist dieses friedfertige Erscheinungsbild trügerisch. Wir halten am linken Flußufer des Nahanni, genau an der Stelle, an der ein kleiner Bach in den Strom mündet. Wir stehen ungefähr an dem Platz, an dem einst die unheilvollen Berichte über den Nahanni ihren Anfang fanden. Genau an dieser Stelle wurden einst die Skelette der beiden McLeod-Brüder gefunden, die auf mysteriöse und ungeklärte Art und Weise hier ums Leben kamen. Der Bach, der so friedfertig plätschert, erhielt daraufhin den Namen »Headless Creek« und das gesamte Tal den Namen »Deadmen Valley«. Was immer auch der Grund für das jähe Ableben der McLeod-Brüder gewesen sein mag, uns berührt das nur wenig. Weder wollen wir zur Legendenbildung beitragen, noch glauben wir an irgendwelche mysteriösen kopfjagenden Bergmenschen, die entlang des Nahanni ihr Unwesen treiben. Und tatsächlich offenbart sich uns das Tal als ein Quell des Lebens, in dem es Elche, Bären und Adler gibt, um nur einige der dort lebenden Tiergattungen zu nennen.

Einige Kilometer flußabwärts stoßen wir auf der linken Flußseite auf ein großes, weitgefächertes Flußdelta, das jetzt im Sommer weitgehend ausgetrocknet ist. Wir haben den »Prairie Creek« erreicht, an dessen Einmündung man angeblich gut fischen kann. Für unseren Blinker will sich hingegen kein Fisch interessieren. Schräg gegenüber auf der anderen Seite des Nahanni können wir eine Blockhütte entdecken, von der wir wissen, daß es sich dabei um die alte Northwest Lands and Forests Cabin handelt, in der jeder Flußwanderer übernachten kann. Die Hütte macht einen soliden Eindruck und beherbergt sogar ein Gästebuch, in dem Flußwanderer ihren Glücksgefühlen überschwenglich Ausdruck gegeben haben. Die Hütte steht in einer kleinen Waldlichtung, es gibt Feuerstellen und grobgezimmerte Tische, an denen man sitzen und in der Sonne dösen kann.

**Bedrohlich neigen sich die Bäume über den Fluß. Immer wieder erleben wir, daß sie unvermittelt ins Wasser stürzen. Die Narben an den Stämmen sind durch den Eisgang im Frühjahr verursacht worden.**

Ein kurzes Stück hinter der Hütte findet man die Reste einer weiteren, völlig zusammengebrochenen Blockhütte, die im Jahre 1945 von einigen Indianern gebaut wurde, um dort zu jagen. Geht man noch einige Meter weiter in den Wald, dann steht man unvermittelt vor einer schwarzen, verkohlten Front aus Baumstämmen, die das Opfer eines großen Waldbrandes geworden sind, der vor einigen Jahren hier getobt hat. Es sind wirklich nur wenige Meter, die die Hütte von der Waldbrandgrenze trennen, und wie durch ein Wunder muß seinerzeit die Feuersbrunst kurz vor der Hütte abgestorben sein. Allerdings sollen einige andere Hütten ein Raub der Flammen geworden sein, die unweit unseres Lagerplatzes am sogenannten »Sheaf Creek« standen. Da wir jedoch wenig Lust verspüren, über schwarzgebrannte Baumleichen zu stolpern und nach Überresten dieser Hütten zu suchen, ziehen wir es vor, uns ein kräftiges Essen zu kochen und für unsere Begriffe komfortabel an einem der Tische vor der Hütte zu essen.

Das Deadmen Valley ist es sicherlich wert, einige Zeit dort zu verbringen, insbesondere deshalb, weil es viele Möglichkeiten gibt, das Hinterland zu Fuß zu erforschen. Dabei bedarf es keinesfalls immer einer Empfehlung, wohin man seine Schritte lenken soll, sondern jeder Reisende kann sich leicht selbst einen Ausflug heraussuchen. Ich möchte lediglich zwei Vorschläge machen. Die erste Möglichkeit wäre eine Wanderung entlang des Sheaf Creeks, der einen zum sogenannten »Tlogotsho Plateau« führt. Wie wir erfahren haben, dauert dieser Ausflug ca. 7 bis 9 Stunden, wobei sich diese Angabe lediglich auf den Anmarsch bezieht. Entsprechend muß der Rückmarsch mit einkalkuliert werden, und man muß sich verproviantieren und natürlich ausreichend Wasser mitführen. Bei einer so langen Tour sollte man immer darauf vorbereitet sein, bei einer plötzlichen Wetterverschlechterung biwakieren zu müssen und demgemäß eine leichte Biwakausrüstung mitzuführen.

Einige Kilometer flußabwärts sieht man am linken Flußufer ein kleines Camp mit Zelthütten stehen, das dort von einem Outfitter eingerichtet worden ist. Es gibt ja neuerdings organisierte Flußtouren auf dem South Nahanni – meistens an den Virginia Falls beginnend – die dann solche Lagerplätze anlaufen. Natürlich bedarf es einer Genehmigung der Nationalparkverwaltung, um ein festes Camp dort einzurichten, und so bleibt zu hoffen, daß mit zunehmendem Tourismus derartige Camps nicht wie Pilze aus dem Boden schießen. Übrigens wird es nicht gern gesehen, wenn fremde Gruppen in einem solchen Camp biwakieren, und es besteht auch meiner Meinung nach keinerlei Anlaß dazu, denn schließlich ist man ja der Natur und des Erlebnisreichtums wegen zum Nahanni gekommen und nicht etwa des Komforts wegen. Kurz unterhalb dieses Camps gibt es dann aber eine Stelle, bei der man verweilen sollte, um seine Paddelschuhe erneut mit den Bergstiefeln zu vertauschen. Dort mündet nämlich der Dry Canyon Creek in den Nahanni, unmittelbar bevor er in dem nächsten und wohl spektakulärsten Canyon verschwindet. Der Dry Canyon Creek führt einen nach einer ca. 6 km langen Wanderung wiederum auf ein höher gelegenes Plateau. Der Weg dorthin ist von Felswänden gesäumt, die

**Links oben: Der Nahanni ist arm an Fischen. Jeff freut sich deshalb besonders über den gelungenen Fang. – Darunter: Ein Rabe, der sich schnell mit uns anfreundet und herzhaft an unseren Mahlzeiten teilnimmt. – Rechts oben: Brigitte bereitet Kartoffelpuffer zum Abendbrot zu. – Unten: Ein verlassenes Camp im Deadmen Valley. Welches Schicksal mag hinter diesen Überresten stehen?**

**Oben: Unvermittelt stehen wir einem Elch gegenüber. – Rechts: The Gate – das Tor mit seinem senkrechten Felswänden stellt den Höhepunkt des dritten Canyon dar.**

steil in den Himmel ragen. Diese Wanderung vermittelt einen guten Vorgeschmack auf das, was einen im sogenannten ersten Canyon nur in größerer Dimension erwartet. Kaum können wir es abwarten, diesen ersten Canyon, über den wir schon so viel gehört haben, zu sehen. Und so wandern wir nur ein Stück den Dry Canyon Creek hinein, bevor wir uns in unsere Boote setzen und uns von der Strömung mitziehen lassen, die mit einem Mal wieder stärker geworden ist und bedrohliche Wellen aufwirft. Wir stoppen kurz am rechten Flußufer, dort, wo der Raymond Creek in den Nahanni mündet, um von dieser Stelle aus das gegenüberliegende Flußufer zu beobachten, an dem sich mehrere Wildschafe aufhalten. Diese Stelle ist bekannt als Mineral Lick, wo eigentlich immer Schafe zu sehen sind, die dort salzige Mineralien auflecken. Man sollte sich nicht zu nahe an diese Stelle begeben, um Tiere unnötig zu erschrecken, die fortan solche Plätze meiden könnten.

Dies ist der letzte Eindruck, den wir vom Deadmen Valley erhalten. Es ist weder furchterregend noch außergewöhnlich gefährlich, und gutgelaunt, voller neuer Eindrücke, richten wir den Bug unseres Kanus in die Flußmitte und fahren, übrigens ohne daß einem von uns der Kopf fehlt, auf den ersten Canyon zu.

**Links: Der erste Canyon des Nahanni, der zu den Höhepunkten einer Flußbefahrung zählt. – Oben: The Gate mit dem Pulpit Rock. – Darunter: Einfahrt in den ersten Canyon**

**Oben: Am Ausgang des zweiten Canyon beginnt das Deadmen Valley. Hier wurden einst die Gebrüder McLeod aufgefunden. Unweit der Fundstelle schlagen wir unser Lager auf und genießen den warmen Sommerabend. Für uns hat der Nahanni seine Schrecken verloren. – Rechts: Eine Blaubeerensuppe läßt uns das Wasser im Mund zusammenlaufen.**

# Der erste Canyon

## George's Riffle

Es mag vielleicht verwunderlich erscheinen, daß die Canyons entgegengesetzt der Strömungsrichtung des Nahanni durchnumeriert sind. Die Gründe dafür sind aber leicht zu verstehen, wenn man berücksichtigt, daß die ersten Flußbefahrungen des Nahanni nicht etwa von der Quelle bis zur Mündung erfolgten, sondern vielmehr von der Mündung stromaufwärts. Je weiter die ersten Pioniere kamen, desto mehr Canyons fanden sie vor, und demgemäß wurde der erste Canyon, auf den sie stießen, mit der Nummer eins beziffert, dann Nummer zwei, usw. Eine Bewertung der einzelnen Schluchten beinhaltete diese Durchnumerierung sicherlich nicht. Und dennoch ist der erste Canyon in doppelter Hinsicht die Nummer Eins unter den Schluchten des Nahanni. Allein um ihn zu sehen, ist es wert, die weite Anreise auf sich zu nehmen. Fotos und Erzählungen vermögen nur unvollständig ein realistisches Bild von dieser großartigen Architekturleistung des South Nahanni zu vermitteln. Ich selbst habe bei der Planung dieser Reise verschiedene Fotos gesehen, die zwar ausdrucksstark waren, die aber dennoch ein wenig Distanz zum Betrachter wahrten und ihn die wahren Dimensionen und die tatsächliche Atmosphäre nur erahnen ließen.

Einer der ersten Gedanken, die man unwillkürlich beim Betrachten dieser Flußlandschaft bekommt, ist der, daß es irrsinnig lange gedauert haben muß, bis der Fluß derart tiefe Schluchten gegraben hat. Dabei ist erdgeschichtlich gesehen die Nahanniregion eine sehr junge Formation, die »erst« während der letzten 1,4 Millionen Jahre geschaffen worden ist. Das ist, geologisch betrachtet, ein relativ kurzer Zeitraum. Allem voran floß der Nahanni durch eine prähistorische Ebene, bis sich mit einem Mal der Untergrund zu heben begann und sich langsam Bergformationen bildeten. Der Nahanni ließ sich im wesentlichen dadurch nicht beirren, grub sein Flußbett in die immer steiler und höher werdenden Berge hinein und schuf sich auf diese Art und Weise sein derzeitiges Flußsystem. Nicht der Nahanni hat sich also in die Berge hineingefressen, sondern die Berge haben in ihrer Aufwärtsbewegung dem Fluß eine Passage zugestehen müssen.

Zu beiden Seiten des ersten Canyons gibt es jeweils eine Stromschnelle, die, will man verschiedenen Berichten Glauben schenken, fast genauso schlimm sein muß wie das Hell's Gate. Immerhin wird der Schwierigkeitsgrad teilweise mit III bis IV angegeben, und das sollte schon Grund genug sein, sich einen solchen Abschnitt vor der Befahrung anzusehen. So landen wir, nachdem wir schon ein erstes kurzes Stück leichten Wildwassers befahren haben, auf einer großen Sandbank, die unmittelbar am Eingang des ersten Canyons liegt. An dieser Sandbank teilt sich der Fluß, wobei der weitaus größere

Teil rechts an der Sandbank vorbeiströmt, eine scharfe Kurve beschreibt, um schließlich ca. 200 m flußabwärts mit dem linken Arm wieder zusammenzutreffen. Der linke Seitenarm ist relativ flach und schmal, aber zumindest bei dem Wasserstand, den wir vorfinden, befahrbar. Da der Wasserstand sehr starken Schwankungen unterworfen ist, kann es durchaus sein, daß dieser Flußabschnitt ausgetrocknet oder zumindest unpassierbar ist. Auf der rechten Seite strömt der Fluß allerdings mit einer erheblichen Geschwindigkeit um die Sandbank herum, gelegentlich liegen hohe Felsbrocken im Wasser, an denen sich der Nahanni schäumend bricht, es gibt eine Reihe von stehenden Wellen, die ihren Höhepunkt genau an der Stelle erreichen, wo sich die beiden Flußarme wieder vereinigen. Dies ist, wenn man den Begriff überhaupt verwenden will, die einzige schwierige Stelle an dieser Stromschnelle. Alle vier sind wir ein wenig verwundert über das, was wir hier vorfinden. Nicht etwa, daß uns der Eingang zum Canyon nicht gefallen würde – er ist ganz einfach großartig. Was uns vielmehr staunen läßt, ist der Umstand, daß hier eine Stromschnelle mit einem Schwierigkeitsgrad, nämlich III bis IV, bemessen wird, der maximal ein IIer ist. Ich halte es für bedenklich und gefährlich, einzelne Sektionen mit höheren Schwierigkeitsgraden anzugeben, als es der wahren Charakteristik entspricht. Vielleicht will man ganz einfach die Leute zur Vorsicht bewegen, indem man sie veranlaßt, sich eine solche schwierige Stelle vor dem Befahren zunächst einmal anzuschauen. Vorsichtig sollte man aber auf einer solchen langen Flußreise allemal sein, und wenn man eine leichte Stromschnelle mit einem überhöhten Schwierigkeitsgrad versieht, dann werden die Angaben letztendlich unglaubwürdig und bewirken genau das Gegenteil. Der Paddler wird allzuleicht in Versuchung gebracht, auch eine als schwierig eingestufte Stromschnelle zu befahren, da die vorangegangenen Stromschnellen vielleicht auch gerade falsch ausgewiesen worden waren. So mancher Paddler, der noch nicht über einschlägige Wildwassererfahrung verfügt, schenkt diesen Angaben mangels Erfahrung vielleicht Glauben und wähnt sich unmittelbar in die Lage versetzt, auch Stromschnellen der Schwierigkeitsklasse IV zu beherrschen. Wenn ein solcher Paddler dann mit einem tatsächlichen IVer konfrontiert wird, wird er vermutlich sein blaues Wunder erleben. Ich möchte niemanden dazu animieren, George's Riffle ohne vorherige Inspektion mit einem vollbeladenen Kanu zu befahren, aber derjenige, der bereits so weit den Nahanni hinuntergekommen ist, braucht sich vor dieser Stelle wahrhaftig nicht zu fürchten. Schwierigen Passagen kann man leicht ausweichen, und die Wellen, die am Zusammenfluß der beiden Arme entstehen, lassen das Boot zwar kräftig eintauchen, sind aber bei der richtigen Routenwahl unproblematisch. Wirklich schwierig muß es früher für die Pioniere gewesen sein, die ihre schwer beladenen und großen Kanus mit Muskelkraft stromaufwärts zogen und dabei natürlich auch diese Passagen in entgegengesetzter Strömungsrichtung bewältigen mußten. Das war dann oftmals eine tagelange, knochenharte Schinderei, bevor Boote und Ausrüstung sicher zum Oberlauf gebracht waren. Hinzu kommt, daß der Nahanni ständig sein Flußbett verändert und laut früheren Berichten George's Riffle verblockter und schwieriger war, als dies heute der Fall ist.

Wir beschließen, auf jeden Fall den rechten Arm zu fahren, halten uns dabei mehr zum linken Flußufer, umfahren einige schäumende Blöcke, die im Flußbett liegen, geraten schließlich in die Strömung der beiden zusammenfließenden Arme, reiten die Wellen ab und freuen uns wie die Kinder, wie das Wasser um uns herum aufspritzt und das Boot willig unseren Manövern folgt. Am Oberlauf des Nahanni haben wir ungleich schwereres Wildwasser vorgefunden als an dieser Stelle, und so haben wir jedenfalls keinerlei Mühe damit.

Unmittelbar nach George's Riffle wird unsere ganze Aufmerksamkeit von der plötzlich veränder-

**Die Schluchten des ersten Canyons bleiben jedem in Erinnerung, der sie einmal gesehen hat. Die Natur hat hier ein Werk geschaffen, das sich mit Worten nur unzulänglich beschreiben läßt.**

ten Landschaft in Anspruch genommen. Das Wasser fließt jetzt völlig ruhig daher, und links und rechts erheben sich steile Felswände, die uns andächtig innehalten lassen. Am rechten Flußufer entdekken wir eine bewaldete Sandbank, die den schroffen Klippen vorgelagert ist, und so beschließen wir spontan, anzulanden und dort den Rest des Tages sowie die Nacht zu verbringen. Es gibt reichlich Treibholz für ein Lagerfeuer, auf dem wir uns zunächst einen kräftigen Kaffee brauen. Obwohl es schon später Nachmittag ist, herrscht eine ausgesprochene Hitze in dieser Schlucht, die sich offensichtlich durch die starke Sonneneinstrahlung aufgeheizt hat und jetzt wie ein Wärmespeicher wirkt. Nur mit einer Turnhose bekleidet, liege ich im Sand und folge mit den Augen den steilen Felswänden. Die Luft ist derart trocken und warm, daß es die Moskitos offensichtlich vorziehen, lieber außerhalb der Schluchten zu bleiben; hier sind wir nämlich so gut wie ungestört vor den Plagegeistern.

Rund 800 m hoch sind die Felswände, zwischen denen der Nahanni verläuft. Aber angesichts dieser Dimensionen vermag man ohnehin nicht zu unterscheiden, ob die eine oder andere Felswand nun gerade 500 oder gar 1000 m hoch ist. Dies erscheint mir im einzelnen auch nicht so wichtig. Was zählt, ist die Szenerie in ihrer Gesamtheit, die vereinzelten Bäume, die in schwindelerregender Höhe auf einem kleinen Felsabsatz wachsen, die geheimnisvollen Höhlenöffnungen, die man an einigen Stellen ausmachen kann, die gesamte monumentale Kulisse also, die in einem eigentümlichen Kontrast zu dem Liebreiz unserer bescheidenen Sandbank steht. Stundenlang kann ich so auf dem Rücken im Sand liegen und mit den Augen die Konturen der Felsen nachfahren. Je länger und intensiver man blickt, desto mehr Details findet man, und ich frage mich, ob es wirklich einen schöneren Ort als diesen hier geben kann. Wohl habe ich schon andere Schluchten und Täler gesehen, unter anderem auch den berühmten Grand Canyon in den USA. Letzterer ist

gewiß viel größer und länger als dieser erste Canyon des Nahanni, aber gerade durch seine Größe verliert er für den Betrachter etwas an Überschaubarkeit. Das ist bei diesem Canyon am Nahanni ganz anders. Das Terrain ist bei aller Größe trotzdem noch überschaubar und vermittelt dadurch einen nachhaltigen Eindruck.

**Ein junger Grizzly blickt neugierig aus seiner „Badewanne“ auf die unerwarteten Besucher.**

Während wir gerade damit beschäftigt sind, unser Geschirr abzuwaschen, nimmt Brigitte plötzlich am anderen Ende der Sandbank eine Bewegung wahr. Ein kurzer Blick durchs Fernglas gibt uns die Gewißheit, daß wir diese Sandbank mit einem Schwarzbären teilen, der, auf welchem Weg auch immer, in den Canyon gekommen ist, um sich an den Beeren zu vergreifen, die hier in Hülle und Fülle wachsen. Gerade der Umstand, daß es hier so viele Pflanzen und Beeren gibt, läßt in uns keine Sorge vor dem

Schwarzbären entstehen. Wir hängen, wie man es übrigens immer tun sollte, den gesamten Proviant zwischen zwei Bäume, so daß er für den Bären unerreichbar ist. Dann setzen wir uns in die Nähe der leergeräumten Kanus und warten ab. Gemächlich nähert sich Meister Petz unserem Lager, hält gelegentlich die Nase in den Wind und versucht, uns mit seinen kurzsichtigen Augen auszumachen, scheint aber in keinster Weise beunruhigt und frißt in aller Seelenruhe die Beeren. Wir führen keinerlei Waffen mit, da es für diese Expedition nicht nur unsinnig und unnötiger Ballast gewesen wäre, sondern darüber hinaus gibt es ein striktes Waffenverbot innerhalb der Grenzen des Nationalparks. Zum Glück sind diese frei lebenden Bären noch nicht an Menschen gewöhnt, wie dies in anderen großen Nationalparks, die alljährlich von Touristenschwärmen überfallen werden, der Fall ist. Dieser Schwarzbär hier will offensichtlich genauso wenig von uns wissen wie wir von ihm. Er läuft einmal quer durch unser Lager, blinzelt einige Male zu uns herüber und setzt dann seinen Weg ohne große Hast fort. Den Proviant in den Bäumen hat er nicht einmal eines Blickes gewürdigt. Diese frei lebenden Bären sind es eben noch gewohnt, sich selbst zu ernähren und werden nicht von einigen unverbesserlichen Touristen aus dem Autofenster heraus gefüttert. Dieser Schwarzbär scheint völlig zufrieden zu sein mit dem, was ihm die Natur zu bieten hat, und der Tisch ist auch üppig für ihn gedeckt.

Wenn man den Nahanni befährt, wird man fast mit an Sicherheit grenzender Wahrscheinlichkeit bei der einen oder anderen Gelegenheit Kontakt mit einem Bären bekommen. In 99 % aller Fälle wird dieses Zusammentreffen sicherlich genauso problemlos ausgehen wie das eben beschriebene. Dennoch gibt es einige Verhaltensmaßregeln, die man beherzigen sollte, und außerdem ist Bär nicht immer gleich Bär. Auf jeden Fall gilt es immer Ruhe zu bewahren und sich rechtzeitig dem Bären zu erkennen zu geben (Einzelheiten siehe Schlußkapitel, Verhalten gegenüber Bären). Bären sind aus dem kanadischen Norden genausowenig fortzudenken wie Raben oder Moskitos. So sollte man sich mit dem Gedanken rechtzeitig vertraut machen und, wenn es dann soweit ist, entsprechend gelassen und richtig reagieren.

## Lafferty Creek

Die Fahrt durch den Canyon ist aufregend und schön und zählt mit Recht zu den Höhepunkten des an Superlativen nun wahrhaftig nicht armen South Nahanni. Man sollte sich Zeit lassen für diesen Streckenabschnitt und an geeigneten Stellen an Land Pausen einlegen. Auch ohne eigenes Dazutun passieren die Kanus sonst allzuschnell diesen Canyon, da der Nahanni mit einer recht starken Strömung den Windungen der Schlucht folgt. An einigen Stellen entdecken wir am Ufer üppige Himbeersträucher, die man selbst schon aus größerer Entfernung an dem leuchtenden Rot der Früchte erkennen kann. Es ist ein Festschmaus! Obwohl beim Pflükken schon die Hälfte der Ernte direkt in unseren Mündern verschwindet, kommt immer noch so viel in unseren Töpfen zusammen, daß wir uns später eine Fruchtsuppe daraus kochen können.

Als wir uns langsam dem Ende des Canyons nähern, sehen wir auf der linken Flußseite das Delta eines Flusses, der um diese Jahreszeit ausgetrocknet ist und daher ideale Möglichkeiten zum Lagern gibt. Wir sind genau an der Mündung des Lafferty Creek, der im Frühjahr das Schmelzwasser von den Bergen hinunterführt und sich schließlich an dieser Stelle mit dem Nahanni vereinigt. Der Lafferty Creek muß im Frühjahr ein reißender Bach sein, da überall große herausgewaschene Felsbrocken herumliegen, die er offensichtlich mittransportiert und von denen einige schließlich in den South Nahanni geraten. Durch diese Ablagerung im Bett des Nahanni ist

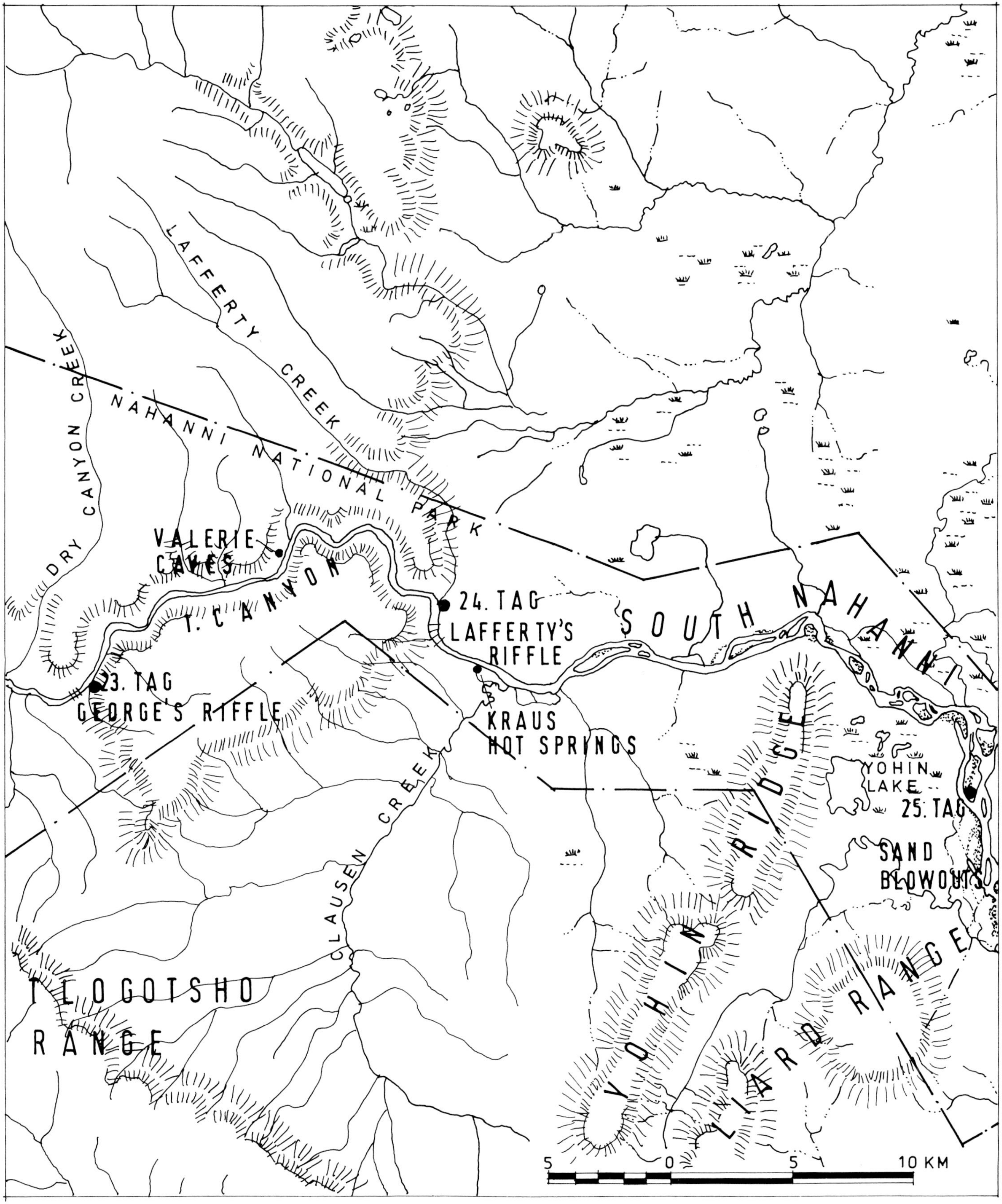

LAFFERTY CREEK
DRY CANYON CREEK
NAHANNI NATIONAL PARK
VALERIE CAVES
1. CANYON
24. TAG
LAFFERTY'S RIFFLE
SOUTH NAHANNI
23. TAG
GEORGE'S RIFFLE
KRAUS HOT SPRINGS
CLAUSEN CREEK
YOHIN LAKE
25. TAG
SAND BLOWOUTS
RIDGE
YOHIN
LIARD RANGE
TLOGOTSHO RANGE
5 0 5 10 KM

hier eine weitere Stromschnelle entstanden, die den Namen »Lafferty Riffle« trägt. Bedingt durch diese Ablagerungen wird das Bett des Nahanni auf der rechten, also auf der Südseite, stark eingeengt, wobei der Fluß sogar noch einer Biegung folgen muß. Das Resultat sind recht hohe stehende Wellen, die man aber mit Leichtigkeit umfahren kann, indem man sich einfach am linken, also am Nordufer des Nahanni hält. Wer jedoch dem Reiz des Wildwassers nachgeben will und genau durch das Zentrum der »Riffle« fährt, der bezahlt dies im schlimmsten Falle mit einem kühlen Bad. Nach dieser Stromschnelle verläßt der Nahanni nämlich den ersten Canyon, das Flußbett wird breiter und das Wasser entsprechend ruhig, so daß man dort ohne Schwierigkeiten an Land schwimmen kann.

Obwohl es noch früh am Tage ist und wir heute nur wenig gefahren sind, beschließen wir, am Lafferty Creek auf einer Sandbank zu lagern, um einen weiteren Abend den ersten Canyon zu genießen. Es gibt aber noch einen anderen Grund, der uns veranlaßt, an dieser Stelle zu campen. Wir haben nämlich gehört, daß es an diesem ersten Canyon eine Anzahl von Höhlen gibt, von denen sich eine besonders hervortut – die »Valerie Cave«. Die »Valerie Cave« ist die größte bekannte Höhle des ersten Canyons und zugleich auch die außergewöhnlichste. Wir haben Bilder von dieser Höhle gesehen, die erst 1970 entdeckt worden ist und die nach ihrem sensationellen Auffinden lediglich für Wissenschaftler zugängig ist, für alle anderen ist der Eintritt verboten. Es ist weniger die Unfallgefahr, die die Behörden veranlaßt hat, die Höhle für die Öffentlichkeit zu schließen, als vielmehr die Absicht, ihre Unberührtheit und Einzigartigkeit zu erhalten.

Das Besondere an den »Valerie Caves« ist nämlich, daß sie von innen zum Teil vollständig vereist sind. Für eine Herde von etwa hundert Dallschafen ist diese Grotte vor rund 2000 Jahren zur Todesfalle geworden. Wieso sich eine so große Anzahl von Tieren dorthin verirrte und schließlich zugrunde ging, läßt sich heute nur vermuten. Entweder haben sie sich im Dunkeln verlaufen oder konnten einfach auf dem eisglatten Untergrund den Ausgang nicht mehr erreichen. Auf jeden Fall kann man noch heute über einhundert Skelette dieser unseligen Schafe sehen, die durch Eis und Wasser bis zum heutigen Tage konserviert sind. Durch häufigen Besuch, zudem von Leuten, die sich mit der Materie nicht gut auskennen, könnte dieser empfindliche Eispalast erheblichen Schaden davontragen, und aus diesem Grunde hat man sich entschlossen, den Eingang zu verschließen. Allerdings hat die Natur schon selbst dafür gesorgt, daß kein übermäßiger Ansturm auf diese Höhlen einsetzen wird. Der Eingang ist nämlich nur schwer auszumachen. Er liegt verborgen hinter einer Baumgruppe in etwa 600 Metern Höhe links der Einmündung des Lafferty Creek in den Nahanni. Diese 600 Meter Höhenunterschied bestehen aus senkrechten Felsen, die insofern keinen Zugang zur Höhle darstellen. Dennoch gibt es einen Zugang, über den auch vor rund 2000 Jahren die Dallschafe die Höhle betreten haben, doch möge man mir nachsehen, daß ich diesen Weg nicht verraten will, um den Höhlen ihren natürlichen Schutz nicht zu nehmen. Denjenigen, die über eine entsprechende Qualifikation verfügen, sei empfohlen, sich mit der Parkverwaltung in Verbindung zu setzen. Es werden gelegentlich Ausnahmen gemacht, wo die Möglichkeit besteht, unter Führung eines Parkbediensteten die Grotten zu besichtigen. Wer aber dennoch gern auf eigene Faust Höhlen entdecken und besichtigen möchte, dem bietet gerade der Lafferty Creek ausgiebig Gelegenheit dazu. Ohnehin sollte man sich die Zeit nehmen und dem Flußbett des Lafferty Creek ein Stück folgen. Es verläuft durch eine phantastische Hängeschlucht, an deren Seiten steile Felswände in den Himmel ragen. In dieser Region gibt es eine Vielzahl von Höhlen, die bislang nur zum Teil erforscht sind. Es besteht also durchaus die Möglichkeit, daß es noch ein Pendant zu den »Valerie Caves« gibt, das nur auf seine Entdeckung wartet. Allerdings muß man für eine solche Höhlenerkundung eine entsprechende Ausrüstung mitführen, über die wir momentan leider nicht verfügen. Allzu Eifrige seien davor gewarnt, sich unvorbereitet in stockfinstere Höhlengänge zu begeben – wenn selbst die klettererfahrenen Dallschafe den Rückweg abgeschnitten vorfanden, dann kann dies einem unvorbereiteten Höhlenbesucher allemal passieren.

Leider läßt es unser Zeitplan bzw. auch unsere Proviantsituation nicht zu, daß wir länger am Lafferty Creek verweilen. Würde ich nochmals den Nahanni befahren, was ich durchaus nicht ausschließen will, dann werde ich gerade dieser Stelle mehr Zeit und Aufmerksamkeit widmen, denn sie zählt sicherlich mit zu den interessantesten und spannendsten Regionen. Es gibt übrigens Überlegungen, einige Höhlen der Öffentlichkeit zugänglich zu machen und sie entsprechend zu kennzeichnen, so daß man einen Eindruck von diesen Höhlensystemen gewinnen kann. Man muß eben abwarten, was die Parkverwaltung in dieser Hinsicht beschließt.

Spät am Abend erhalten wir wieder Besuch von einem Schwarzbären, der – wie sein Vetter am anderen Eingang des Canyons – ausschließlich Interesse für die Beeren zeigt und unseren Lagerplatz gelangweilt passiert. So geht denn auch dieser letzte Tag in dem großartigen Canyonsystem des South Nahanni seinem Ende zu. Indem wir am nächsten Morgen in die Boote steigen und ohne Schwierigkeiten die »Lafferty Riffle« passieren, treten wir auch zugleich in den letzten Abschnitt des South Nahanni ein.

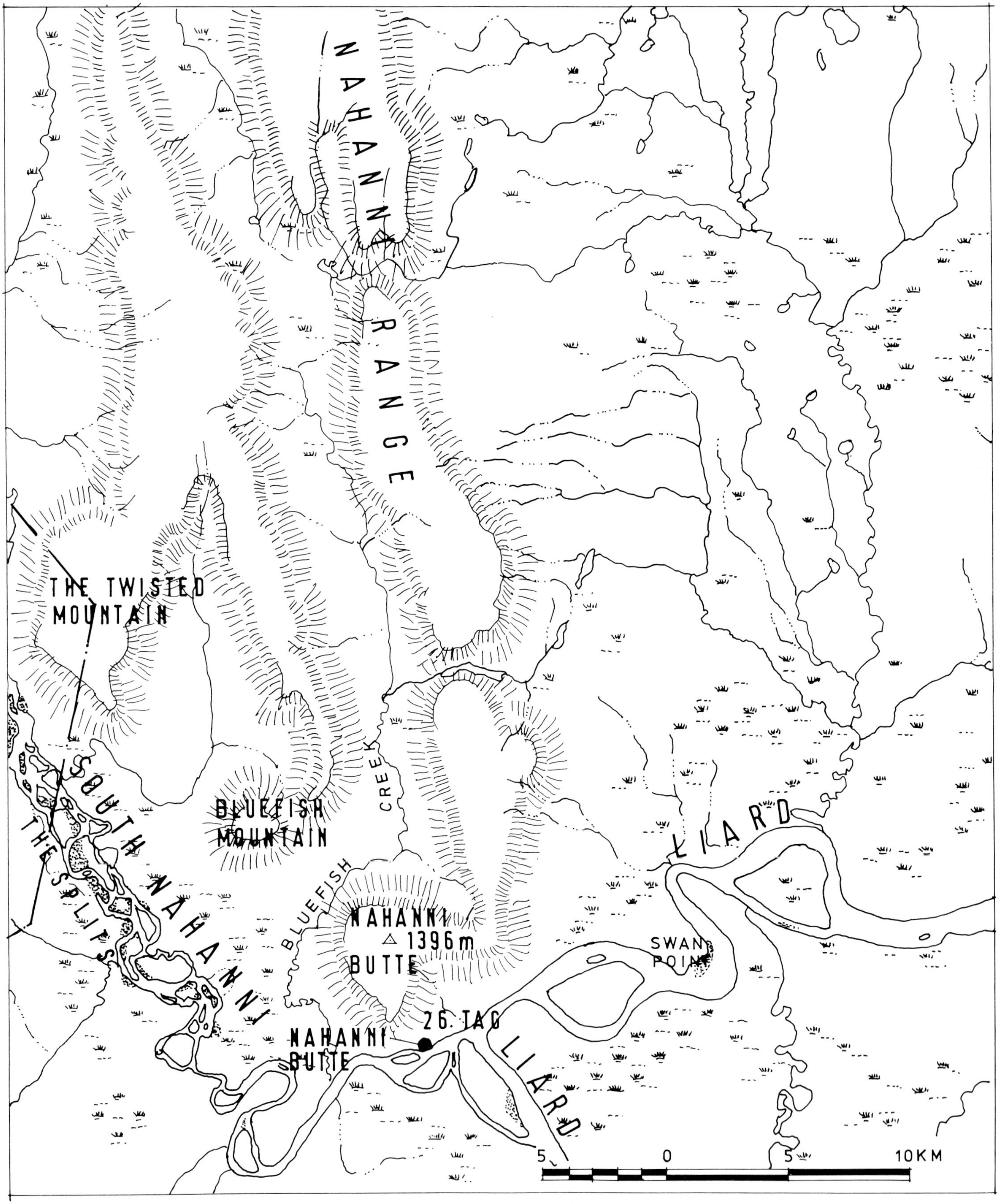

NAHANNI RANGE
THE TWISTED MOUNTAIN
BLUEFISH MOUNTAIN
CREEK
SOUTH NAHANNI
THE SPLITS
BLUEFISH
NAHANNI
1396m
BUTTE
LIARD
SWAN POINT
26. TAG
NAHANNI BUTTE
LIARD
5
0
5
10KM

# Dem Ziel entgegen

## Kraus Hot Springs

Unterhalb der »Lafferty Riffle« entdecken wir plötzlich auf der linken Flußseite ein hölzernes Boot, das für die hiesigen Verhältnisse einen recht stattlichen Eindruck macht. Wir legen an, um den Fall genauer zu untersuchen, und stellen mit einem Blick auf unsere Reiseunterlagen fest, daß es sich hierbei um das zurückgelassene Boot des Flußpioniers Gus Kraus handelt. Gus Kraus war in den 30er Jahren zu der kleinen Siedlung am Zusammenfluß des Nahanni mit dem Liard Fluß gezogen und hatte Gefallen an dieser abgeschiedenen und unwegsamen Region gefunden. Zusammen mit seiner Frau Mary, einer Indianerin vom Stamme der Slavey, richtete er sich kurz vor dem Eingang zum ersten Canyon häuslich ein, indem er eine Behausung für sich und seine Frau schuf. Das Boot, vor dessen Überresten wir jetzt stehen, diente ihm dazu, Ausrüstungsgegenstände und Brennstoff von der Siedlung Nahanni Butte den Fluß hinaufzuschaffen. Dieses Boot ist – wie sollte es hier oben auch anders sein – komplett aus Holz gebaut, hatte einst einen eingebauten Motor und ist erstaunlich groß für einen Fluß wie den Nahanni.

Schräg gegenüber auf der anderen Flußseite entdecken wir eine langgezogene Sandbank und ein kleines Stück dahinter eine Lichtung, auf der ein Blockhaus steht. Während wir dort hinpaddeln, strömt uns ein übler Geruch entgegen, der stark an verfaulte Eier erinnert. Doch ist nicht etwa eine Mülldeponie oder Hühnerfarm schuld an diesem Geruch, sondern die Ursache liegt ganz einfach in den Hot Springs, den Heißen Quellen, begründet, die an dieser Stelle entsprechende Gase an die Oberfläche treten lassen. Der Geruch ist aber nicht so konzentriert, als daß man es nicht gut aushalten könnte, und nach relativ kurzer Zeit ignoriert man ihn einfach. Gus Kraus hatte in den Hot Springs einen idealen Platz erkannt, um dort zu siedeln. Von den beiden Hauptquellen strömt das Wasser mit 35 bis 36 Grad Celsius durch den Schlamm an die Oberfläche und heizt den Boden und die Umgebung damit auf. Wie bereits an den anderen Hot Springs, die wir im Verlauf unserer Flußfahrt kennengelernt haben, gedeiht auch hier eine viel üppigere Vegetation als im übrigen Nahannigebiet. Mary Kraus erkannte diesen Vorteil und brachte allerlei Pflanzen mit, die eigentlich in dieser Region nicht heimisch sind, die aber dank des Einflusses der Heißen Quellen sehr gut wuchsen.

Obwohl sich Mary und Gus Kraus schon seit vielen Jahren aus dem Nahannigebiet zurückgezogen haben, findet man noch heute die von Mary Kraus mitgebrachten Pflanzen vor. Nur wenige Meter vom Nahanni entfernt liegen im Geröll zwei kleine Tümpel, in denen sich das Wasser der Heißen Quellen sammelt. Obwohl die Sonne brennt und uns ei-

**Das Flußboot von Gus Kraus steht am Ausgang des ersten Canyon.**

gentlich gar nicht nach einem heißen Bad zumute ist, nutzen wir die günstige Gelegenheit und führen unserem Körper eine wohlverdiente Reinigung zu. Die Kraus Hot Springs stellen wirklich ein kleines Paradies dar. Blickt man stromaufwärts, sieht man noch die wuchtigen Wände des ersten Canyons. Flußabwärts verbreitert sich der Fluß und bahnt sich seinen Weg durch eine grüne, hügelige Landschaft. Der Lagerplatz selbst besteht aus einer dichten grünen Wiese, die von dem für diese Region typischen Buschwerk eingerahmt wird. Die Parkverwaltung hat einige Picknicktische aufstellen lassen, da die Zahl der Besucher des Nationalparks offensichtlich im Wachsen begriffen ist. Man mag geteilter Meinung darüber sein, ob Picknicktische in eine solch ursprüngliche Landschaft gehören; mich persönlich stören sie irgendwie immer ein wenig. An einem Platz wie den Kraus Hot Springs, an denen ohnehin Menschen lebten, sind sie hingegen willkommen und wirken nicht störend. Nach dem Bad folgen wir einem kleinen gewundenen Pfad, der durch das Dikkicht führt, und gelangen nach wenigen Minuten an einen Tümpel, in dem Biber eine große Burg gebaut haben. Überall liegen umgestürzte Bäume, und schwer hängt der Geruch der Heißen Quellen in der

**Brigitte genießt die Wärme der Kraus Hot Springs.**

Luft. Wir stehen an einer der Hauptquellen der Hot Springs. Von hier aus soll es eine Möglichkeit geben, in einem langen und wohl auch beschwerlichen Fußmarsch den oberen Rand des ersten Canyons zu erreichen. Es muß ein faszinierender Anblick sein, oben am Klippenrand zu stehen und tief unter sich das schmale Band des Nahanni dahinfließen zu sehen. Gern würden wir auch diesen Ausflug noch machen, aber dazu fehlt uns jetzt leider die Zeit. So verlassen wir die Hot Springs, wiederum in dem Bewußtsein bestärkt, daß man beim besten Willen nicht alle Besonderheiten und Sehenswürdigkeiten auf einer einzigen Reise erfassen kann. Dazu gibt es deren am Nahanni einfach zu viel. Es ist leicht zu verstehen, daß Gus und Mary Kraus viele Jahre in Abgeschiedenheit hier lebten. Als der Nahanni langsam mehr und mehr ins öffentliche Interesse geriet und demgemäß auch häufiger Besucher flußaufwärts zu den Hot Springs kamen, zogen sie es vor, woanders zu siedeln und verließen die Quellen. Heute leben beide am Little Doctor Lake, immer noch im hohen Norden, mit dem sie untrennbar verbunden sind.

## Die Splits

Heute nacht schlagen wir das letzte Mal unsere Zelte am Nahanni auf. Am Nahanni? Ich sollte vielleicht besser sagen: im Nahanni, denn der Fluß hat sich jetzt zu einem derart weit gefächerten Delta auseinandergezogen, so daß wir einfach auf einer der unzähligen Sandbänke mitten im Strom anlanden und dort unser Lager bauen. Noch immer herrscht eine gute Strömung, die uns schnell von den Hot Springs in die sogenannten »Splits«, wie dieses Delta genannt wird, getragen hat. Je weiter man in die »Splits« hineinfährt, desto schwieriger wird es, das Hauptfahrwasser ausfindig zu machen. Wie die Verästelung eines Baumes teilt sich der Fluß auf, und nicht selten endet ein schnell dahinfließender Arm in einer Barrikade von verkeilten Baumstämmen oder auf einer Sandbank, auf der die Boote mit einem Knirschen auflaufen. Durch die langanhaltende Trockenheit ist der Wasserpegel des Nahanni beträchtlich gefallen, und so müssen wir immer wieder aus den Booten steigen und sie durch das seichte Wasser hinter uns herziehen. Die Splits sind berüchtigt für ihre Moskitoschwärme, die so manchen Waldläufer zu guter Letzt an den Rand der Verzweiflung getrieben haben sollen. Die Hitze und die Trokkenheit scheinen sie im Moment zurückzuhalten, erst gegen Abend, als es sich ein wenig abkühlt, fallen sie gnadenlos über uns her.

Zu unserer Linken erhebt sich der Twisted Mountain, der seinen Namen aufgrund einer eigenartigen Strukturierung bekommen hat, die tatsächlich den Eindruck vermittelt, als habe ein Riese in einem Anflug von Zerstörungswut den Berg gepackt und in sich verdreht. Dieser Twisted Mountain spielt in den Erzählungen und Berichten über den Nahanni stets eine wichtige Rolle. Er ist Wegweiser und Treffpunkt gewesen, und so mancher Trapper hat ein Vorratslager an seinem Fuße errichtet. In einiger Entfernung fällt ein anderer Berg ins Auge, dem der Gipfelaufbau zu fehlen scheint. Es ist ein Tafelberg oder, wie die Kanadier ihn nennen, der Nahanni Butte. Am Fuße dieses Berges liegt die gleichnamige kleine Indianersiedlung, die einzige Ansiedlung am Nahanni überhaupt. Der Weg dorthin zieht sich in die Länge. Kreuz und quer führt er uns durch die Splits, der Flußverlauf scheint verwirrend unübersichtlich. Zudem nimmt die Strömung beständig ab, so daß wir jetzt ununterbrochen paddeln müssen, um weiter voranzukommen. Die Splits verändern sich jedes Jahr aufs neue. Es gibt keine Landkarte, die den genauen Flußlauf des Nahanni durch die Splits verzeichnet, da sie bereits ein Jahr nach ihrem Erscheinen in einigen Bereichen wieder fehlerhaft wäre. Jedes Jahr entstehen neue Inseln, alte werden von den Fluten fortgewaschen. Der Nahanni bleibt ein Verwandlungskünstler. Dies wird uns auf dem letzten

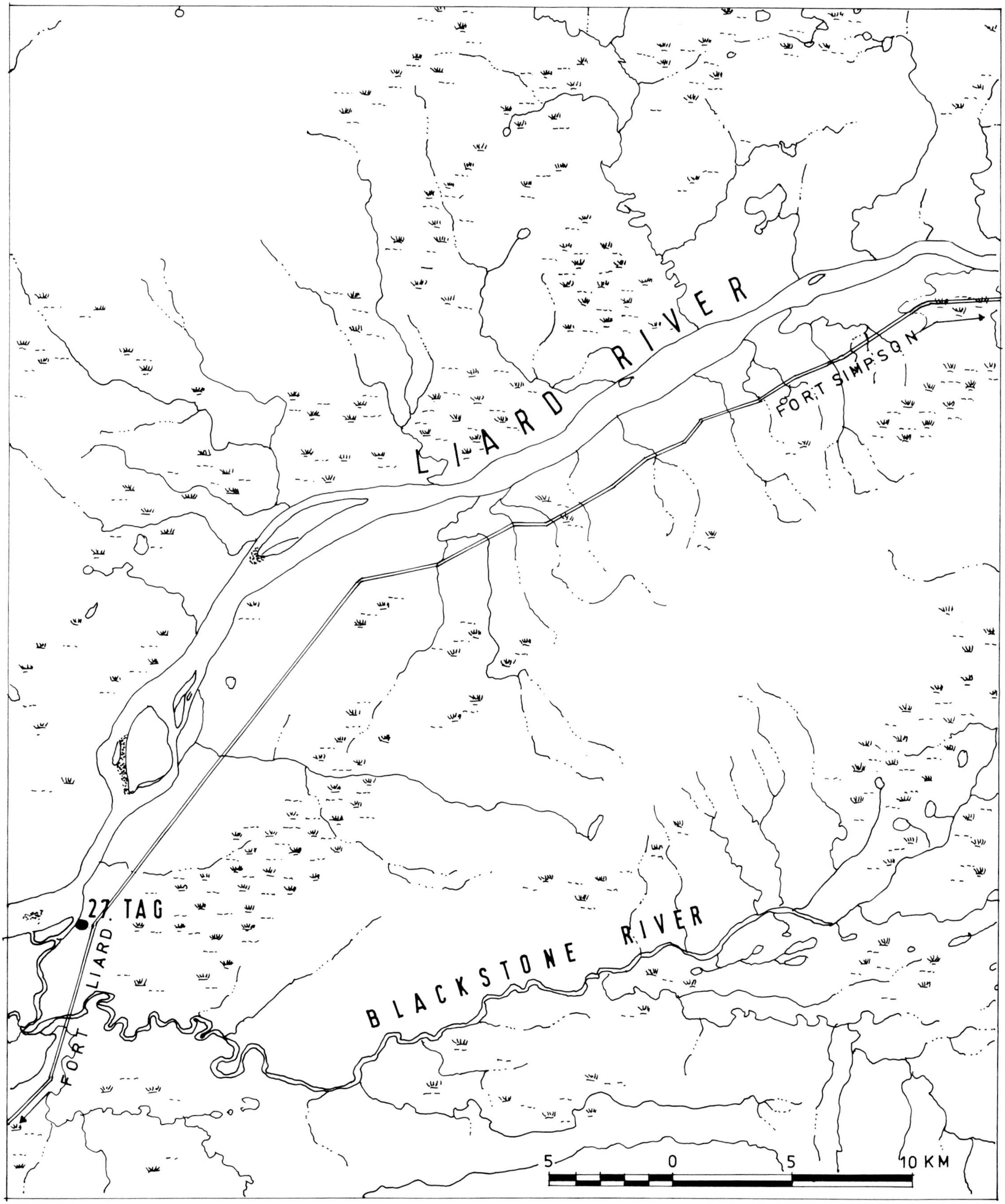
LIARD RIVER
FORT SIMPSON
27. TAG
FORT LIARD
BLACKSTONE RIVER
5 0 5 10 KM

Streckenabschnitt des Flusses noch einmal besonders deutlich. Es kommen die letzten Flußkilometer. Alle Energie scheint aus dem Fluß genommen zu sein. Nichts scheint mehr an den reißenden Oberlauf, an die tiefen Schluchten oder das Hell's Gate zu erinnern. Als ob der Fluß müde und träge geworden ist, sammelt er sich ein letztes Mal in einem einzigen Flußbett und schiebt sein dunkles Wasser einem anderen, noch mächtigeren Strom zu, dem Liard River. Wir verweilen einige Stunden in Nahanni Butte, um uns dort im Büro der Nationalparkverwaltung zurückzumelden. Dies ist eine sehr wichtige Maßnahme, da man sonst nach einer gewissen Zeit Nachforschungen anstellen und eine Suchmannschaft losschicken würde. Ansonsten gibt es hier nicht viel zu sehen. Vereinzelte Häuser stehen herum, eine Landepiste für Flugzeuge ist eingerichtet, und man kann sich, wenn man will, von hier per Flugzeug abholen lassen. Auf der anderen Seite des Flusses liegt die eigentliche Indianersiedlung, die auch über einen kleinen Laden verfügen soll, der heute am Sonntag allerdings geschlossen ist. So steigen wir wieder in unsere Boote und fahren die letzten Meter auf dem Fluß, dem wir 28 Tage lang gefolgt sind. Deutlich kann man die Trennlinie erkennen, wo das schlammige Wasser des Liard mit dem dunklen Wasser des Nahanni zusammentrifft. Es dauert eine Zeitlang, bevor sich die Wassermassen vermengt haben und alles eine einheitlich braune und undurchdringliche Farbe angenommen hat. Der Nahanni hat mit einem Mal aufgehört zu existieren. Was bleibt ist sein Vermächtnis – die Erinnerung an eine der großartigsten Naturlandschaften, die man sich vorstellen kann. Und es bleibt natürlich auch ein Hauch von Abenteuer, der diesen Fluß umgibt. Na-

**Der Twisted Mountain – das Ende des Nahanni ist nicht mehr fern.**

hanni – das Land der Leute von weit her. Auch wir sind von weit her gekommen, um diesen Fluß zu erleben. Es gab keinen Tag, um den es uns leidgetan hätte, und wir verlassen den Fluß mit dem Bewußtsein, daß wir trotz aller Eindrücke doch nur einen kleinen Einblick in die Nahanniregion bekommen haben. Vielleicht werde ich einmal zurückkehren, im Winter mit Hunden oder im Sommer wieder mit einem Boot. Ganz gleich wie – der Nahanni hält bestimmt neue Überraschungen für mich bereit.

Rund 30 Kilometer fahren wir den breiten Liard stromabwärts, bevor wir eine Stelle erreichen, an der ein schöner Campingplatz gelegen ist. An dieser Stelle trifft der Liard Highway auf den Liard Fluß, und so hat man hier einen ganz neuen Campingplatz eingerichtet. Dies ist ein sehr günstiger Punkt, um auszusetzen. Während Joey, Brigitte und ich die Boote vollends ans Ufer zerren und langsam mit dem Ausladen beginnen, hat Jeff bereits einen Autofahrer gefunden, der ihn mit zurück nach Fort Liard nimmt, wo wir unser Auto zurückgelassen haben. Der Lagerplatz liegt an der Einmündung des Blackstone Flusses und wurde demgemäß nach ihm benannt. Wenige Stunden später fährt Jeff mit dem Auto vor. Wir räumen zusammen, verladen die Ausrüstung und brechen am nächsten Morgen nach Süden auf. Die Reise hat endgültig ihren Abschluß gefunden.

**Wir haben es geschafft. Ein wenig wehmütig lassen wir uns treiben und beobachten wie sich das Wasser das Nahanni mit dem das Liard vermengt. Im Hintergrund der Nahanni Butte.**

Mohawk

# ANHANG

# Der Fluß aus der Sicht des Paddlers

## Anreise

Den Nahanni befahren – gute Idee, wird mancher sagen. Aber wie, um alles in der Welt, komme ich samt meiner Ausrüstung von Deutschland zum Quellgebiet des Nahanni? Eine gute Frage – wenn auch bei den meisten Nordamerika-Flügen mittlerweile ein Freigepäck von 62 Kilogramm erlaubt ist, so sind diese 62 kg doch auf zwei Gepäckstücke normaler Koffergröße zu verteilen, und wer mit einem Kajak unterm Arm am Abfertigungsschalter ansteht, um dieses als Reisegepäck aufzugeben, wird unweigerlich abgewiesen. Ein Kanu oder ein Kajak, als Luftfracht verschickt, kostet ebenfalls eine ganz erkleckliche Summe, da die Gesellschaften hierbei meist nicht nur das Gewicht beurteilen, sondern auch die Sperrigkeit eines solchen Bootes. Auf diese Weise können ganz erhebliche Kosten entstehen, die so manches Budget überfordern. Faltbootbesitzer kennen diese Schwierigkeiten nicht. Ihr zusammengelegtes Boot entspricht in etwa den gängigen Reisegepäcknormen und wird somit ohne Schwierigkeiten am Schalter abgefertigt. Wer aber über ein starres Kajak oder Kanu verfügt, sollte sich überlegen, ob er es unbedingt auf dieser Reise verwenden will, oder ob er sich vor Ort ein geeignetes Boot für die Dauer der Expedition mietet. Ich weiß, daß viele Paddler untrennbar mit ihrem Boot verbunden sind und nur höchst widerwillig in ein Gefährt steigen, das sie nicht kennen und das vielleicht nicht hundertprozentig ihren Vorstellungen entspricht. Denjenigen empfehle ich, den nächsten Flughafen anzurufen, sich die Frachtabteilung der Lufthansa, Air Canada, CP Air oder Ward Air geben zu lassen und nach den Frachtraten zu fragen. Man darf allerdings dabei nicht vergessen, daß der Atlantikflug nur einen Teil der Kosten ausmacht, denn wo immer man auch landen mag in Kanada, man ist mitnichten auch nur in der Nähe des Nahanni. Man muß also noch weiter reisen, und auch dies bietet mit einem starren Boot noch so manche Tücken. Außerdem will man wohl in den wenigsten Fällen sein Boot nach der Reise zurücklassen, so daß das Transportproblem auf der Rückreise erneut auftritt. Doch soll uns das Problem des Bootstyps noch nicht so sehr interessieren, darauf werde ich später noch einmal zurückkommen. Ganz gleich, ob mit Boot oder ohne Boot im Reisegepäck – ich würde entweder Edmonton, Calgary oder Vancouver als Zielflughafen wählen. Von diesen Flughäfen aus gibt es mehrere Möglichkeiten, um an den Nahanni zu kommen. Ich will einige dieser Möglichkeiten kurz skizzieren, wobei sich Flugrouten und -pläne alljährlich ändern und ich somit keinerlei Anspruch auf Vollständigkeit erhebe.

*Erste Möglichkeit:*
Von Vancouver oder Edmonton aus mit der CP Air nach Watson Lake. Von Watson Lake gibt es eine Busverbindung nach Tungsten, von wo aus man entweder über den Flat River oder den Little Nahanni Zugang zum South Nahanni finden kann. Dies ist vermutlich mit die einfachste Möglichkeit, Zugang zum Nahanni zu finden, wenngleich hierbei auch nur ein Teil des South Nahanni erlebt wird. Weitere Informationen zu diesen beiden Flüssen unter dem entsprechenden Kapitel. Des weiteren gibt es eine private Fluggesellschaft, die B.C. Yukon, die von Watson Lake aus operiert und die über Wasserflugzeuge verfügt, mit denen man sich und seine Ausrüstung einfliegen lassen kann. Die Anschrift lautet:

B.C. Yukon, Watson Lake, Yukon YOA 1 CO
Telefon: (403) 536-7485.

Der Preis für dieses Einfliegen ist von der Größe des Flugzeuges abhängig, das dafür benötigt wird. Die kleinen Flugzeuge haben eine begrenzte Ladekapazität. Mit welchen Kosten in etwa zu rechnen ist, werde ich noch an unserem Beispiel deutlich machen. Auf jeden Fall sollte man unbedingt die Fluggesellschaften rechtzeitig anschreiben und unter Gewichtsangabe, Personenzahl und Anzahl der Boote nach dem genauen Preis fragen.

*Zweite Möglichkeit:*
Mit dem Bus von Edmonton nach Watson Lake. Anschrift:

Coachways 222 1st Ave. SW
Calgary, AB T2P 0A6

*Dritte Möglichkeit:*
Mit Pacific Western Airlines nach Yellowknife, und von dort mit der Northwest Territorial Airways entweder nach Fort Simpson oder nach Fort Liard. In Fort Simpson gibt es die Simpson Air, die über Flugzeuge unterschiedlicher Größe verfügt und die unter anderem darauf spezialisiert ist, Passagiere zum Nahanni einzufliegen. Von Fort Simpson aus zu starten hat den Vorteil, daß man in der Stadt das Hauptquartier der Nahanni-Parkverwaltung besuchen kann. Neben umfangreichen Informationen werden den Besuchern sogar Filme gezeigt, die über den Nahanni gedreht worden sind und die einem den Mund noch einmal so richtig wässrig machen. Anschriften:

Pacific Western Airlines
Suite 2800 700 2nd Street S.W.
Calgary, Alberta
T2P 2W2

Northwest Territorial Airways
Yellowknife Airport
P.O. Service 9000
Yellowknife, N.W.T.
X1A 2R3

Simpson Air Ltd.
Bax 260
Fort Simpson, N.W.T.
XOE ONO
phone: 403-695-2505

*Vierte Möglichkeit:*
Wie oben bereits erwähnt, mit der Northwest Territorial Airways von Yellowknife nach Fort Liard. In Fort Liard sitzt der Schweizer Urs Schildknecht, der dort die Liard Air betreibt. Anschrift:

Urs Schildknecht
Liard Air Ltd.
Fort Liard, N.W.T.
XOG OAO
phone: 403-770-4251

Urs ist ein vergnügter und hilfsbereiter Typ, der darüber hinaus deutsch spricht, falls jemand Schwierigkeiten mit dem Englischen hat. Fort Liard ist auch unser Startpunkt gewesen, wenngleich wir nicht auf dem Luftwege, sondern mit dem Privatwagen von Calgary dort hingefahren sind. Um uns zu den Moose Ponds einfliegen zu lassen, haben wir ein einmotoriges Wasserflugzeug vom Typ Beaver gechartert, für das wir 1.475 kanadische Dollar bezahlen mußten. Mit vier Passagieren, zwei Kanus und einem Berg von Ausrüstungsgegenständen war das Flugzeug bis an die Toleranzgrenze beladen. Aber je größer das Flugzeug, desto teurer auch die Charter, und so sollte man sich vor Reiseantritt genau die Gewichtslimitierung sagen lassen und danach seine Vorbereitungen treffen. Von Fort Liard aus einzufliegen war für uns billiger, als von irgendeinem der anderen genannten Punkte. Allerdings hatten wir ja auch ein eigenes Auto und brauchten uns somit um öffentliche Verkehrsmittel nicht zu kümmern. Ich kann nur jedem empfehlen, der eine derartige Reise plant, sich rechtzeitig (die Post dauert mitunter sehr lange) Informationen und Preisunterlagen aller Fluggesellschaften einzuholen und das für ihn günstigste Angebot herauszusuchen. Auch der Rücktransport nach der Befahrung des Nahanni sollte gut überlegt und geplant werden. Es besteht die Möglichkeit, sich von einem Flugzeug aus Nahanni Butte abholen zu lassen und sich samt seiner Ausrüstung zum nächsten Verkehrsknotenpunkt bringen zu lassen. Wer wie wir mit dem Auto angereist ist, sollte bis zum Blackstone Campingplatz am Liard Fluß fahren und dort aussetzen. Dies ist die einzige Stelle, an der der Liard Highway bis an den Liard herankommt. Wem ein Flugzeug zu teuer ist und ein Auto nicht zur Verfügung steht, der sollte etwas mehr Zeit einplanen und einfach den Liard bis hinunter nach Fort Simpson fahren, von wo aus er dann die Heimreise antreten kann. Die Befahrung des Liard von Nahanni Butte bis Fort Simpson dürfte dem Nahanni-erprobten Paddler eigentlich keine Schwierigkeiten bereiten, im Gegenteil, nach all den Highlights, die er am Nahanni erlebt hat, wird ihm dieser Fluß eher etwas langweilig erscheinen. Der wirklich schwierige und wilde Teil des Liard befindet sich im Oberlauf des Flusses. Rund 60 Kilometer wirklich schwierige und wilde Teil des Liard befindet sich im Oberlauf des Flusses. Rund 60 Kilometer oberhalb von Fort Simpson beginnen die Beaver Dam Rapids, die ich zwar selbst noch nicht gesehen habe, aber von denen ich gehört habe, daß sie keine allzugroßen Schwierigkeiten bereiten sollen. Trotzdem: Vorsicht ist immer geboten!

## Die Qual der Wahl – die Frage nach dem Boot

Ich sprach das Problem ja bereits an. Ein Kajak oder einen Kanadier von Deutschland nach Fort Simpson zu transportieren, ist schwierig und teuer. Selbst Faltbootbesitzer werden überlegen, ob es von den Kosten her zu vertreten ist, das eigene Boot mitzunehmen. Es stellt sich also die Frage, ob man sich nicht vor Ort ein geeignetes Boot besorgen kann. Da man in Fort Simpson, Watson Lake oder Fort Liard dieses Problem sehr wohl erkannt hat und natürlich auch über die nötige Portion Geschäftssinn verfügt, bieten die Fluggesellschaften oder auch andere Unternehmen Leihboote für eine Befahrung des Nahanni an. Die Leihgebühr ist natürlich ganz deftig, und es ist ein Rechenexempel, ob es nun günstiger ist, ein Boot zu mieten oder sein eigenes mitzubringen. Die Miete für einen Kanadier beträgt pro Woche zwischen 100 und 160 Dollar. Dabei muß man bei den meisten Unternehmen das Boot für mindestens drei Wochen mieten. Meines Wissens werden nur Kanadier vermietet und keine Kajaks. Als Leihboote werden meistens die Typen Grumman, Old Town, Mad River oder Clypper-Kanus angeboten. Die Grumman-Aluminium-Kanus halte ich persönlich für die am wenigsten geeigneten Boote für eine derartige Befahrung. Diese Boote haben meist nur geringen Freibord. Wenn Aluminium auf einen Unterwasserfelsen trifft, beult es und stoppt darüber hinaus ganz abrupt. Die anderen erwähnten Typen sind hingegen sehr flexibel und wendig und springen immer wieder in ihre ursprüngliche Form zurück. Oftmals haben die Aluminium-Kanus auch einen kleinen Kiel, der vielleicht auf einem großen See hilfreich sein mag, der im Wildwasser aber auf jeden Fall deplaciert ist.

Wer vorhat, für den Sommer ein Kanu zu mieten, sollte auf jeden Fall rechtzeitig Informationen einholen bzw. sich anmelden, um ganz sicher zu gehen, daß er auch ein Boot bekommt.

In Fort Liard vermietet Urs Schildknecht Clypper-Kanus, in Fort Simpson kann entweder über

Trail Head
1341 Wellington Street, Ottawa, Out.
K1Y 3B8

oder über die

Hudson Bay Company
U-Paddle Canoe Service
Hudson Bay House, 77 Main St., Winnipeg,
Man. R3C 2R1

gemietet werden. Die Firma Trail Head hat auch Boote in Watson Lake liegen für diejenigen, die von dort aus anreisen. Neben der Miete ist meistens auch eine Kaution für die Boote zu hinterlegen, über die man sich ebenfalls rechtzeitig informieren sollte. Leider verfügen die meisten Leihboote über keine Spritzdecken, da man vielfach noch der irrigen Meinung anhängt, daß eine Spritzdecke nicht auf ein Kanu gehört. Im Oberlauf des Nahanni hatten wir einige Flußabschnitte, die überhaupt nur mit Spritzdecke zu bewältigen waren, und trotzdem hatten wir meist noch Wasser im Boot. So sollte man vielleicht ausdrücklich nach Spritzdecken fragen und, falls diese nicht erhältlich sind, ausreichend große Schöpfbecher mitbringen. Bleibt immer noch die Frage, welches Boot denn nun eigentlich das geeignetste für die Befahrung des Nahanni ist. Um bei den Kanus zu bleiben: Es ist sicherlich das Boot, das traditionell in diese Landschaft paßt und das typischste Fortbewegungsmittel für kanadische Flüsse im allgemeinen ist. In einem Kanu bekommt man ohne Schwierigkeiten eine große Menge Ausrüstungsgegenstände unter, und es bringt ganz einfach riesigen Spaß, mit diesem Bootstyp durch Stromschnellen oder Steingärten zu fahren. Allerdings fährt sich ein Kanu anders als ein Kajak, und man sollte schon mit seinem Partner ein gut eingespieltes Team darstellen, damit es zu keinen Mißverständnissen und infolgedessen zu kalten Bädern kommt. Ein Kajak ist dem offenen Kanadier im Wildwasser sicherlich überlegen, aber so schwierig ist andererseits das Wasser am Nahanni nicht, als daß man es nicht auch noch mit einem Kanadier bewältigen könnte. Ein Faltboot würde sich ebenfalls außerordentlich gut dafür eignen. Der reichliche Stauraum, der günstige Transport und die Seetüchtigkeit prädestinieren diesen Bootstyp vielleicht sogar für diese Tour. Aber welcher Bootstyp auch immer – jeder Paddler hat hier seine eigenen Vorstellungen. Wir haben übrigens amerikanische, achtzehn Fuß lange Mohawk-Kanus verwendet. Alle vier fahren wir gerne Kanadier; außerdem wollten wir den Nahanni in traditionellen Booten befahren, und das ist nun einmal das Kanu.

## Flußdaten auf einen Blick

South Nahanni – Gesamtlänge ca. 600 Kilometer

Höhenunterschiede:
Moose Ponds 1.220 m hoch
am Zusammenfluß mit dem Little Nahanni
765 m Höhe
am Zusammenfluß mit dem Flat River
460 m Höhe
und im Nahanni Butte 180 m Höhe.

Demnach beträgt das Gesamtgefälle 1040 m.

Die Flat Lakes, in denen der Little Nahanni und der Flat River ihren Ursprung haben, liegen ebenfalls auf 1.220 m Höhe.

Die Länge des Little Nahannis bis zur Einmündung in den South Nahanni beträgt etwa 75 km und entspricht etwa damit der Länge des South Nahannis von der Quelle bis zu dieser Stelle.

Die beste Reisezeit ist Juli/August.
Eisaufbruch findet im Mai statt.
Im November setzt neue Eisbildung ein.

## Einsatzpunkte am South Nahanni

Bei der Planung stellt sich natürlich auch die Frage, ob man den South Nahanni nun in ganzer Länge befahren will oder aber nur einen Abschnitt. Dies kann auch eine Preisfrage sein, denn die Moose Ponds sind von den Flugbasen am weitesten entfernt und daher auch am kostspieligsten zu erreichen. Der Oberlauf des Nahanni ist zudem wassertechnisch nicht ganz ohne. Wer keine oder nur wenig Wildwasser-Erfahrung hat und nicht sicher die Schwierigkeitsklasse III beherrscht, der sollte entweder Abstand von diesem Streckenabschnitt nehmen oder aber viele Portagen einplanen und sehr, sehr vorsichtig sein. Aber es ist gerade der wilde Charakter des Flusses, der diesen ersten Streckenabschnitt für den Paddler interessant macht. Die Landschaft ist zwar schön und eindrucksvoll, der spektakuläre Teil des Naturschauspiels beginnt allerdings erst viel weiter flußabwärts, so daß derjenige, der lediglich die Canyons oder die Virginia Falls sehen möchte, sich den Oberlauf sparen kann. Aufgrund der wassertechnischen Schwierigkeiten wählen die wenigsten Paddler die Moose Ponds als Ausgangspunkt für eine Befahrung. Auch Leute, die einen IIIer-Schwierigkeitsgrad sicher beherrschen, fühlen sich ganz einfach duch die Länge der Strecke verunsichert und klammern daher diesen Abschnitt aus. Es ist eben wirklich etwas anderes, ob man am Samstagnachmittag mal für ein paar Stunden Wildwasser fährt und anschließend wieder nach Hause geht, oder ob man über mehrere Tage hinweg und ohne Hilfe von Fremden erwarten zu können, einen ganzen Flußabschnitt befährt. Deshalb sei an dieser Stelle nochmals davor gewarnt, leichtfertig an die Befahrung heranzugehen. Allzuleicht könnte sonst die Liste der Opfer des Nahanni verlängert werden!

Wir haben von den Moose Ponds bis zu der Moore's Cabin sieben Tage benötigt, wobei ich dazusagen muß, daß wir uns Zeit dabei gelassen haben. Unweit der Moore's Cabin gibt es die Island Lakes, die als der zweite Startpunkt am South Nahanni angesehen werden. Die Wasserflugzeuge landen auf den Island Lakes, setzen einen dort ab, und man muß seine Ausrüstung ein gutes Stück durch den Wald bis zu der Moore's Cabin tragen. Dieser Platz eignet sich hervorragend als Startpunkt. Nicht nur, daß alle spektakulären Szenerien noch vor einem liegen, es mag ganz einfach auch von Vorteil sein, noch eine letzte Nacht unter einem festen Dach zu verbringen und dabei seine Ausrüstungsgegenstände für die Flußbefahrung zu sortieren. Außerdem zahlt man für den Flug von Fort Simpson aus je nach Flugzeuggröße zwischen 950 und 2000 kanadische Dollar. Die 2000 Dollar gelten allerdings für zweimotorige Flugzeuge, daher die große Differenz. Bei den Moose Ponds lag dieser Preis, ebenfalls von Fort Simpson aus gerechnet, zwischen 1200 bis 2340 Dollar. Viele Flußbefahrungen beginnen daher an dieser Stelle, und fortan wird man gelegentlich auf andere Paddler stoßen, wobei die Weitläufigkeit des Geländes aber verhindert, daß man sich gegenseitig auf die Nerven geht.

Wer lediglich an dem Nahanni-Nationalpark interessiert ist, kann sich zu den Rabbitkettle Hot Springs einfliegen lassen, die genau am Anfang des Nationalparks liegen. Auch hier ist wiederum eine Portage vom Rabbitkettle Lake bis zum Nahanni erforderlich, die aber durch einen gut ausgetretenen Pfad erleichtert wird. Am Rabbitkettle Lake gibt es die Warden-Hütte, die während des Sommers von einem Parkbediensteten besetzt ist. Bevor man am nächsten Morgen aufbricht, sollte man sich mit dem Parkwarden verabreden, um die Hot Springs zu besuchen. Es bleibt danach immer noch genug Zeit, ein gutes Stück flußabwärts zu fahren. Der Preis für das Einfliegen, wiederum von Fort Simpson aus gerechnet, beträgt ca. 790 bis 1650 kanadische Dollar. Der Nachteil bei diesem Startpunkt liegt hauptsächlich darin, daß man sich um die Möglichkeit gebracht hat, einen Ausflug zum Glacier Lake und zu den Cirque Of The Unclimbable zu machen.

Von Rabbitkettle aus bis nach Nahanni Butte sind es genau 332 Flußkilometer. Das ist etwas mehr als die Hälfte der gesamten Länge des South Nahanni. Wer noch weiter flußabwärts einsetzen möchte, sollte sich zu den Virginia Falls fliegen lassen. Hier liegen die Preise von Fort Simpson aus zwischen 600 und 1250 kanadischen Dollar. Die Wasserflugzeuge landen hierbei oberhalb der Virginia Falls auf dem Nahanni, der dort relativ breit ist und den Flugzeugen somit genügend Raum gibt. Genau dort, wo das Flugzeug einen absetzt, gibt es einen sehr schön gelegenen Campingplatz, auf dem man für einige Tage lagern kann, sofern man vorhat, den Sunblood Mountain zu besteigen oder Wanderungen in die Umgebung zu machen. Die eigentliche Portage um die Fälle herum beginnt etwa einen Kilometer weiter stromabwärts, und man sollte sich tunlichst dicht am Ufer halten, um nicht in die Hauptströmung gerissen zu werden, denn unmittelbar nach der Aussetzstelle fangen die Stromschnellen an! Unterhalb der Fälle kann und darf kein Flugzeug landen, so daß man wohl oder übel die Reise mit einer Portage beginnen muß. Die Virginia Falls sind der letzte Einstiegspunkt zum South Nahanni, wenn man einmal vom Flat River absieht, auf den ich noch zu sprechen kommen werde. Im Nationalpark selbst ist die Fliegerei eingeschränkt. So dürfen die Piloten zum Beispiel nicht im Tiefflug durch die Canyons fliegen, um neugierigen Passagieren einen entsprechenden Einblick zu gewähren. Ich halte dies für eine sehr glückliche Bestimmung, denn in einer derart ursprünglichen und großartigen Landschaft macht sich jedes Motorenbrummen überaus störend aus.

Schließlich sei noch erwähnt, wieviel Zeit wir von den einzelnen Einsatzpunkten bis Nahanni Butte gebraucht haben. Von den Island Lakes bis nach Nahanni Butte benötigten wir 19 Tage, wobei alle Wanderungen und Ausflüge mit eingerechnet sind. Von den Rabbitkettle Hot Springs bis nach Nahanni Butte benötigten wir 13 Tage und von den Virginia Falls bis nach Nahanni Butte 8 Tage. Wer plant, von Nahanni Butte bis Fort Simpson auf dem Liard zu paddeln, muß je nach Ausdauer nochmals ca. 3 bis 4 Tage für die rund 180 Flußkilometer rechnen.

## Jahreszeit

Die Befahrung des South Nahanni ist nur in einer relativ kurzen Zeitspanne möglich. Die Monate Juli und August sind mit Abstand die besten, in denen man ein solches Vorhaben umsetzen kann. Vor dem Juni möchte ich ausdrücklich warnen, da der Fluß dann Hochwasser führt und unzählige Baumstämme den Fluß mit hinuntergerissen werden und sich teilweise im Flußbett zu lebensgefährlichen Barrieren aufbauen. Das Wasser ist im Juni außerdem noch extrem kalt, da sich sämtliche Schmelzwasserbäche in den Nahanni entleeren und das Eis überhaupt erst Ende Mai/Anfang Juni aufgebrochen ist. Der September kann zwar sehr schön sein, aber nachts bereits auch sehr kühl. Außerdem ist der Wasserstand des Nahanni dann so weit zurückgegangen, daß vermutlich die Steingärten im Oberlauf unpassierbar sind. Im Juni hat man durchschnittlich 1430 Kubikmeter Wasser pro Sekunde gemessen, die über die Virginia Falls herabstürzen, im Juli sind es noch 1040 und im August 739. An diesen Zahlen ist gut zu erkennen, wie rapide das Wasservolumen mit fortschreitender Jahreszeit abnimmt.

## Beurteilung der Schwierigkeitsgrade

Den Nahanni in bestimmte Schwierigkeitsgrade einzustufen, ist nicht ganz einfach, da die Schwierigkeiten sich nach den unterschiedlichen Wasserständen dramatisch verändern können. Besonders schwierig wird eine solche Klassifizierung im Oberlauf des Flusses, wo die Stromschnellen mitunter unmittelbar aufeinanderfolgen und man bei dem zur Verfügung stehenden Kartenmaßstab oftmals Schwierigkeiten hat, überhaupt zu erkennen, um welche Stromschnelle es sich nun gerade handelt. Wir hatten auf unserer Tour eine Flußbeschreibung des Wally Schaber dabei, der für die Firma Trail Head arbeitet, deren Anschrift ich bereits im Zusammenhang mit Leihkanus erwähnt habe. Diese Flußbeschreibung mag auf den ersten Blick ganz interessant erscheinen, ist aber leider, was die Anordnung der Stromschnellen im Oberlauf angeht, vollkommen falsch. Es werden dort Stromschnellen placiert, wo es überhaupt keine gibt, und dort, wo man nicht damit rechnet, sieht man sich plötzlich argen Schwierigkeiten gegenübergestellt. Ich möchte daher davor warnen, sich auf derartige Karten zu verlassen. Man muß schon selbst ein wenig Pioniergeist und Urteilskraft mitbringen, um eine Stromschnelle oder einen Flußabschnitt richtig einschätzen zu können. Über den Teil des Nahanni, der im Nationalpark verläuft, also von Rabbitkettle Lake an, gibt die Nationalparkverwaltung eine Flußbeschreibung mit einer anschaulichen und sehr guten Flußkarte heraus. Diese Unterlagen sind über den

Superintendent, Nahanni National Park
Postal Bag 300, Fort Simpson
N.W.T. XOE ONO

zu beziehen. Überhaupt sollte man sich bei der Planung unbedingt an diese Adresse wenden und um Informationen bitten, die einem dann unentgeltlich und meistens postwendend zugeschickt werden. Um also der Veränderlichkeit der Stromschnellen im Oberlauf Rechnung zu tragen, würde ich diese Sektion mit Schwierigkeitsgrad II bis III einstufen. Über die Virginia Falls selbst brauche ich wohl keine Worte zu verlieren – es führt eine ausgezeichnete Portage auf der rechten Flußseite um die Fälle herum –, wohl aber über den vierten oder, wie er auch genannt wird, Five Mile Canyon, der sich unmittelbar an die Virginia Falls anschließt. Man hat es hier mit sehr schnell fließendem Wasser zu tun, das teilweise mit Felsbrocken durchsetzt ist und in dem sich infolgedessen recht eindrucksvolle Wellen aufbauen. Trotzdem kann man eigentlich allen Schwierigkeiten bei vorsichtiger Fahrweise aus dem Weg gehen. Den Schwierigkeitsgrad würde ich mit I bis II+ beschreiben. Die Befahrung des Hell's Gate habe ich bereits ausführlich beschrieben. Aufgrund der Gefahr, die von dieser Stromschnelle ausgeht, würde ich hier den Schwierigkeitsgrad IV geben. Das Hell's Gate ist mit Sicherheit die gefährlichste Stromschnelle am Nahanni. Nur wenige Kilometer unterhalb des Hell's Gate mündet der Wrigley Creek in den Nahanni. An dieser Stelle kann es zu einigen schwierigen Verwirbelungen und Strudeln kommen, die schon manches Boot zum Kentern gebracht haben. Hier sollte man also vorsichtig sein. George's Riffle zum Eingang des ersten Canyons möchte ich als IIer bezeichnen und Lafferty's Riffle am Ausgang des Canyons mit I bis II.

Diese Schwierigkeitsbewertung des South Nahanni kann nur als ganz grobe Richtschnur genommen werden, da sich, wie bereits gesagt, je nach Wasserstand die Schwierigkeiten verändern. Gefahrenmomente können immer auftreten, zum Beispiel durch Baumstämme, die einen Flußarm blockieren und unter denen das Wasser hindurchströmt. Ein weiteres Gefahrenmoment besteht auch ganz einfach in der eisigen Temperatur des Wassers, so daß ich im Wildwasserbereich unbedingt einen Kälteschutzanzug empfehle. Daß Helm und Schwimmweste mit zu der Ausrüstung gehören, bedarf hoffentlich keiner weiteren Erwähnung.

## Der Flat River

Eine andere Möglichkeit, um Zugang zum Unterlauf des South Nahanni zu finden, ist der Flat River. Allerdings ist der Flat River weit mehr als nur ein Zustieg zum South Nahanni. Der Flat River ist genauso in die abenteuerliche Historie mit einbezogen wie der South Nahanni. Die sagenumwobene Goldmine der McLeod-Brüder soll irgendwo an einem Zufluß des Flat River liegen. Es war auch an einer der Stromschnellen des Flat River, an der die McLeod-Brüder bei ihrer ersten Reise das Gold und ihre Ausrüstung verloren. Daraus wird schon ersichtlich, daß der Flat kein zahmer Fluß ist, sondern mit diversen Schwierigkeiten aufwartet, die schon einige Erfahrung erfordern. Ich selbst bin vor einigen Jahren dem Flat, von seiner Quelle in Tungsten ausgehend, ein Stück flußabwärts gefolgt. Er ist am Anfang ein schmaler, aber sehr schnell fließender und teilweise verblockter Wildbach, in dem man schnelle und richtige Manöver fahren muß. Die ersten 50 Kilometer bleibt der Fluß relativ schmal und wild und ist überhaupt nur bei Hochwasser zu befahren. In der zweiten Julihälfte bereits dürfte der Wasserstand so niedrig sein, daß man überhaupt nicht mehr hindurchkommt. Nach etwa 150 Kilometern erreicht man den Seaplane Lake. Die wenigen Flußbefahrungen, die es am Flat River überhaupt gegeben hat, sind meistens von diesem See ausgegangen. Wer von hier starten möchte, läßt sich am besten von Watson Lake aus einfliegen. Der Oberlauf des Flat River ist nur sehr wenige Male befahren worden. Mir persönlich ist niemand bekannt, der es gemacht hat. Auch vom Seaplane Lake ausgehend ist die Befahrung nicht ganz einfach. Es gibt eine ganze Reihe von Stromschnellen, die von der Nationalparkverwaltung mit Klasse II bis III angegeben werden. Bereits nach etwa sieben Flußkilometern trifft man auf den Borden Creek, wenig später auf den Bennet- und McLeod Creek. Irgendwo an einem dieser Bäche, so vermutet man, sollen die McLeod-Brüder ihre sagenhafte Mine gefunden haben. Nach etwa 25 Kilometern kommt man an die berühmte Stromschnelle, die den Namen »The-Cascade-Of-The-Thirteen-Steps« trägt. Der Schwierigkeitsgrad dieser Stromschnelle wird mit VI, also der höchsten Schwierigkeit, angegeben. Der Schwierigkeitsgrad VI ist ohnehin nur absoluten Experten vorbehalten, und auch dann nur in speziellen Wildwasserbooten. Für den Wanderpaddler stellt sich hier also gar nicht die Frage, ob er diese Stromschnelle befährt oder nicht – er muß ohnehin umtragen. Um die Stromschnelle herum ist eine Portage eingerichtet, deren Ausgangspunkt allerdings etwas schwierig zu finden sein soll. Es ist unbedingt erforderlich, daß man sich sehr vorsichtig an die Stromschnelle herantastet, insbesondere auch deshalb, weil vor Beginn der eigentlichen Cascade Stromschnellen der Schwierigkeitsstufe II vorgelagert sind, die einen vielleicht dazu verleiten, ein Stückchen zu weit zu fahren – und dann ist alles zu spät! Bei hohem Wasserstand sollen Paddler auf der rechten Flußseite anhalten, und dies bitte rechtzeitig genug, um den Beginn der eigentlichen Stromschnellen auszukundschaften. Auch nach der Cascade-Of-The-Thirteen-Steps bleibt der Charakter des Flat River rauh. Eine kleine Parkbroschüre gibt die Schwierigkeit mit II bis III an. Erst kurz vor der Einmündung des Irvine Creek beruhigt sich der Flat ein wenig. Der Irvine Creek fließt durch ein breites Tal, das einstmals von einem viel größeren Fluß geformt wurde, als es der Irvine Creek ist. Tatsächlich haben Geologen herausgefunden, daß vor langer Zeit der South Nahanni durch dieses Tal geflossen ist, um dann seinen weiteren Weg durch das Flat River-Tal zu suchen. Durch glaziale Ablagerungen veränderte sich im Laufe der Zeit das Flußbett, und der Nahanni suchte sich einen neuen Weg. Was übrigblieb, war der Irvine Creek. Gegenüber der Einmündung des Caribon River findet man sogenannte »Hoodoos«. Unter Hoodoos versteht man Steinsäulen, von denen die Erosion das lose Gestein abgetragen hat und die jetzt wie steinerne

Denkmäler an einem Berghang stehen. Die Höhe einiger dieser Hoodoos soll bis zu 15 Meter betragen.

Damit sind sicherlich nur einige landschaftliche Besonderheiten des Flat River genannt. Er stellt gewiß eine angemessene Alternative zum South Nahanni dar, wenngleich man auf diese Art und Weise die spektakulären Virginia Falls und den Five Mile Canyon und andere Dinge mehr versäumt. Ich glaube, jeder, der einmal in dieser Region gewesen ist, wird mir recht geben, wenn ich sage, daß nur *eine* Reise dorthin eigentlich zu wenig ist. Man kann eben nur einen Fluß zur Zeit befahren. So stellt sich ganz einfach die Frage, ob man nicht irgendwann zurückkehrt, um eine zweite Reise, den Flat River hinunter, zu unternehmen. Wer sich zu einer zweiten Reise entschließt, wird aber erneut vor die Qual der Wahl gestellt, denn in unmittelbarer Nachbarschaft des Flat River entspringt ein anderer Fluß, der ebenso wild wie eindrucksvoll sein soll und der schließlich in den Oberlauf des South Nahanni mündet – es ist der Little Nahanni.

## Little Nahanni

Wer den Little Nahanni befahren möchte, wählt ebenfalls, wie bei dem Flat, den Weg über Watson Lake zu der Bergwerkssiedlung Tungsten. Die Mine ist über die sogenannte »Nahanni Range Road« entweder mit einem Privatwagen oder einem Bus erreichbar. Der Bus von Watson Lake nach Tungsten verkehrt mehrmals wöchentlich, aber nicht täglich, und man sollte sich rechtzeitig bei der Busgesellschaft anmelden, wenn man mit viel Gepäck und Kanus beabsichtigt, nach Tungsten zu reisen.

Die Anschrift lautet:

Cantung Bus Lines
Watson Lake Airport
Watson Lake
Yukon

Wie in den meisten nordischen Bergwerkssiedlungen ist für Leib und Seele der Angestellten im Übermaß gesorgt. Wer Gelegenheit hat, an einer der Mahlzeiten in der Kantine teilzunehmen, wird noch lange an dieses opulente Mahl zurückdenken. Auch in Tungsten gibt es heiße Quellen, in denen man baden kann, es gibt einen kleinen Lebensmittelladen, eine Polizeistation und natürlich auch eine Bar. Allerdings mußten Jeff und ich vor einigen Jahren feststellen, daß das Management der Mine an Besuchern offensichtlich keinerlei Interesse hat, um es gelinde auszudrücken. In unmißverständlichem Ton machte uns der Manager darauf aufmerksam, daß das Gelände um Tungsten herum Privatbesitz sei und man überhaupt kein Interesse an Besuchern oder Touristen habe. Dabei hatten wir nur ganz höflich gefragt, ob wir unser Auto für die Dauer unserer Wanderung in dem Camp parken dürften. Selbst dieses Anliegen wurde brüsk abgelehnt. Die Politik, die dahintersteht, ist nicht leicht zu verstehen, insbesondere deshalb nicht, weil die Angestellten der Mine eigentlich freudig den Kontakt mit Besuchern aufnehmen und sich über eine Abwechslung freuen. Sie entspricht auch nicht den Gepflogenheiten des kanadischen Nordens, in dem Gastfreundschaft sehr groß geschrieben wird. Aber es ist letztlich müßig, über die Hintergründe zu philosophieren, man kann es nur als gegeben hinnehmen und hoffen, daß das Management diese Einstellung neu überdenkt. Im übrigen braucht man das Bergwerkscamp auch gar nicht aufzusuchen, sondern man bittet den Busfahrer lediglich, einen an der Stelle herauszulassen, an der man dem Little Nahanni am nächsten ist.

Dieses ist am sogenannten »Howard Pass« der Fall. Von dort aus sind es allerdings noch ca. acht Kilometer bis zu den Flat Lakes, in denen der Little Nahanni entspringt. Es führt aber auch ein Weg dorthin, der mit Autos zu befahren ist. Wer sich also scheut, Boote und Ausrüstung zu den Flat Lakes zu tragen, der muß schon ein Arrangement in Tungsten treffen, um die Ausrüstung per Auto zu den Flat Lakes zu transportieren. Soweit ich in Erfahrung bringen konnte, soll der Little Nahanni Passagen besitzen, die um einiges schwieriger und auch gefährlicher sind, als man sie im Oberlauf des South Nahanni findet. Der Little Nahanni fließt durch einige Schluchten, durch die sich das Wasser hindurchzwängt und in denen es sehr schwierige Passagen geben soll. Das Umtragen soll ebenfalls sehr schwierig sein, da das Gelände steil ist. Die Länge des Little Nahanni entspricht in etwa der des South Nahanni von den Moose Ponds bis hin zur Einmündung des Little Nahanni. Die Firma Trail Head (Anschrift siehe Kanuverleih) hat eine kleine Broschüre herausgegeben, in der die Erfahrungen einer Befahrung des Little Nahanni zusammengetragen sind. Nur möchte ich vor dieser Broschüre des Wally Schaber noch einmal ausdrücklich warnen; es ist nämlich dieselbe Broschüre, in der die Stromschnellen am Oberlauf des South Nahanni fehlerhaft eingetragen sind. Vielleicht ist diese Broschüre zwischenzeitlich bearbeitet und die Fehler sind korrigiert worden. Trotzdem sollte man eine solche Wegbeschreibung nur als groben Leitfaden benutzen und sich lieber auf sich selbst verlassen und eine zu befahrende schwierige Passage vorher sorgältig auskundschaften.

Sowohl für den Flat River als auch für den Little Nahanni und den Oberlauf des South Nahanni werden Spritzdecken benötigt. Der Little Nahanni mündet einige Kilometer oberhalb der Moore's Cabin in den South Nahanni. Wer den Little Nahanni als Zugang zum South Nahanni benutzt, hat die gesamte spektakuläre Szenerie des South Nahanni noch vor sich. Berichten nach zu urteilen, fließt der Little Nahanni durch eine interessantere und abwechslungsreichere Landschaft, als dies beim Oberlauf des South Nahanni der Fall ist. Wer die Wahl hat, hat die Qual! Für welche Route man auch immer sich entscheiden mag, enttäuscht wird man bei keiner sein.

## Feuer – eine ständige Bedrohung

Alljährlich toben in den kanadischen Wäldern verheerende Buschbrände, die ganze Landstriche verwüsten. Glücklicherweise ist in den meisten Fällen nicht der Mensch daran schuld, sondern die Feuer entstehen durch Blitzschlag. Während man früher versuchte, jedes Buschfeuer nach Möglichkeit zu bekämpfen, geht man heute mehr und mehr dazu über, einen solchen Buschbrand als naturgegebenen Zyklus zu betrachten, der bestimmte Waldregionen letztendlich einer Erneuerung zuführt. Nur in den Nationalparks oder in Gegenden, wo ein Buschbrand Menschen gefährlich werden könnte, bekämpft man diese Waldbrände. Da diese Feuerbekämpfung nur dann erfolgreich sein kann, wenn sie gleichzeitig vom Boden und aus der Luft erfolgt, entstehen dem Staat jedes Jahr unglaubliche Kosten. Der Beruf des Fire Fighters, wie die Feuerwehrleute genannt werden, ist hart, strapaziös und nicht ungefährlich. Vor einigen Jahren habe ich mich freiwillig gemeldet, um ein solches Buschfeuer zu bekämpfen. Meistens werden alle Hände gebraucht, und so nahm man auch mein Angebot dankbar an, und ich konnte selbst erfahren, was es bedeutet, in der Gluthitze mit Motorsäge und Schaufel zu hantieren, um eine Bresche zu schlagen, die dem Feuer Einhalt gebieten soll. Auch am Nahanni gibt es immer wieder riesige Buschbrände, die teilweise dazu führen, daß der ganze Fluß gesperrt wird und Paddler, die sich irgendwo auf dem Fluß befinden, kurzentschlossen mit Hubschraubern ausgeflogen werden. Immer wieder sieht man an den Ufern riesige Flächen schwärzlich-brauner Baumstümpfe, die Zeugen eines solchen Feuers sind. Es dauert allerdings nicht allzulange, bis neue Pflanzen aus dem verbrannten Boden herauswachsen und damit den Grundstock zu einer neuen Vegetation legen. Bereits nach einigen Jahren beginnt alles wieder grün zu werden, und die verbrannten Baumleichen beginnen langsam zu verrotten und düngen damit den

Boden. Dieser naturgegebene Zyklus scheint gut zu funktionieren. Ganz anders mag die Entwicklung aber aussehen, wenn hier zusätzliche Feuersbrünste durch Menschen verursacht werden, die achtlos mit ihrem Lagerfeuer umgehen, Zigarettenkippen wegwerfen oder andere Unachtsamkeiten begehen. Dies könnte das Gleichgewicht nachhaltig stören und unabsehbare Schäden nach sich ziehen. Während der vier Wochen, die wir auf dem Fluß waren, hat es nur die ersten fünf, sechs Tage gelegentlich geregnet. Den Rest der Zeit war es warm und trocken. Dabei bedarf es nur einiger Tage intensiven Sonnenscheins, um das Geäst und Unterholz auszutrocknen. Es reicht dann oftmals ein Funke, so unglaublich es auch klingen mag, um ein Feuer zu entzünden. Ich weiß sehr wohl um die Gemütlichkeit, die von einem Lagerfeuer ausgeht, und kaum einer, der eine solche Reise unternimmt, möchte auf das abendliche Feuer verzichten. Das braucht man auch durchaus nicht, nur sollte man überaus vorsichtig und sensibel mit dem Feuer umgehen. Wir haben während der Trockenheit beispielsweise nur noch Feuer auf Sandbänken gemacht, die im Fluß lagen, und selbst dann immer nur kleine Kochfeuer und niemals prasselnde und funkenstiebende Monsterfeuer, an denen man es vor Hitze ohnehin nicht aushalten kann. Wenn das Feuer nicht mehr benötigt wird, muß es unbedingt sorgfältig mit Wasser abgelöscht werden. Es reicht auch nicht, nur ein wenig Sand dort rüberzuschaufeln, denn die Glut kann sich darunter immer noch lange halten und durch einen unglücklichen Zufall zu einem Brand führen. Jeder kann auf diese Art und Weise zum Erhalt dieser Landschaft beitragen. Ein einmal aus der Kontrolle geratenes Feuer kann nicht mehr gelöscht werden! Es verbreitet sich explosionsartig und vernichtet dabei nicht nur Wald, sondern auch Tiere aller Größenordnungen und natürlich auch Menschen, die sich zufällig in dem betroffenen Gebiet aufhalten. Lagerfeuer dürfen nur auf freien Flächen und nicht etwa unter einem Baum oder im Unterholz entfacht werden. Die Gefahr, die davon ausgeht, ist einfach zu groß. Daher nochmals meine Bitte: Vorsicht bei Lagerfeuern!

## Wie verhalte ich mich gegenüber Bären

Die Wahrscheinlichkeit, am Nahanni einem Bären zu begegnen, ist relativ groß. Meistens sind es Schwarzbären, die man zu Gesicht bekommt. Es gibt allerdings auch eine große Anzahl von Grizzlies, die dort leben. Generell sei gesagt, daß sowohl Schwarzbären als auch Grizzlies viel ungefährlicher sind, als es oftmals allzugern dargestellt wird. Dennoch darf man sie keinesfalls unterschätzen und schon gar nicht leichtfertig oder fahrlässig handeln. Eine Bärenbegegnung ist immer eine ernsthafte Angelegenheit. Schwarzbären sind im allgemeinen recht friedfertige Gesellen. Das kann sich allerdings schlagartig ändern, wenn eine Bärenmutter mit ihrem Kind daherkommt, die um die Sicherheit ihres Sprößlings fürchtet. Auch wenn man einen kleinen Bären alleine sieht, sollte man auf keinen Fall näher herangehen, so possierlich dieses Tier auch aussehen mag. Mit sehr großer Wahrscheinlichkeit wird die Mutter sich in unmittelbarer Nähe aufhalten und den aufdringlichen Besucher sofort angreifen. Niemals darf ein Bär in die Enge getrieben werden, im Gegenteil, es muß ihm immer genügend Raum zur Verfügung stehen, so daß er ohne Schwierigkeiten seines Weges ziehen kann. Wenn man einen Bären sieht, möchte man ihn meistens auch ganz gern fotografieren. Dagegen ist im Prinzip auch nichts einzuwenden, nur sollte man dann auch über eine entsprechend lange Brennweite verfügen, um die Fotos aus sicherer Entfernung zu schießen und nicht etwa dem Bär auf den Pelz rücken, um ihn womöglich mit einem 35 mm-Objektiv aus nächster Nähe aufzunehmen. Bären verstehen da meistens überhaupt keinen Spaß und zeigen für fotografische Bedürfnisse außerordentlich geringes

Verständnis. Bären wollen im großen und ganzen in Ruhe gelassen werden, und in den allermeisten Fällen werden sie selbst die nötige Distanz zu dem aufgeregten Zweibeiner wieder herstellen. Wenn ein Bär sich auf seinen Hinterbeinen aufrichtet, heißt es noch lange nicht, daß er jetzt zum Angriff übergeht. Oftmals ist er einfach neugierig und will sich auf diese Art und Weise einen besseren Überblick über die Situation verschaffen. Niemals sollte man bei einer Bärenbegegnung, so unerwartet sie auch geschehen mag, laut schreiend davonlaufen. Dieses schreiende und strampelnde Wesen kann die Neugierde oder den Jagdinstinkt des Bären wecken und ihn gar veranlassen, den Flüchtenden näher zu untersuchen. Einem Bären davonlaufen zu wollen, ist etwa ein genauso vergebliches Unterfangen wie der Versuch, es mit einem Rennpferd aufzunehmen. Er ist in jedem Falle schneller! Wenn man sich unvermittelt einem Bären gegenübersieht, sollte man vielmehr in ganz ruhigem Ton zu ihm sprechen und dabei langsam, ohne ihn dabei aus den Augen zu verlieren, nach hinten ausweichen. Jede hastige Bewegung ist unbedingt zu vermeiden! Wer zufällig eine Tasche oder eine Jacke in den Händen hält, sollte diese während des Zurückweichens auf den Boden fallen lassen, so daß der Bär eventuell davon abgelenkt wird. Die Flucht auf einen Baum ist nur eine bedingt taugliche Lösung. Schwarzbären sind nämlich hervorragende Kletterer, die es mit einem Menschen allemal aufnehmen können. Ein ausgewachsener Grizzly kann, wenn er sich auf die Hinterbeine stellt, ohne weiteres drei Meter hochreichen. Auf Bäume klettern die Grizzlies zum Glück nicht. Eine Hauptgefahr bei Bärenbegegnungen besteht darin, daß das Tier vom Menschen überrascht wird. Aus diesem Grunde sollte man ruhig ein klapperndes Kochgeschirr oder eine Klingel mitführen, so daß die Bären schon von weitem erkennen können, daß sich dort jemand nähert. Wenn man einen Lagerplatz aufschlägt, darf man auf keinen Fall seinen Proviant im Zelt verstauen. Bären verfügen über eine ausgezeichnete Nase und wittern Nahrungsmittel, selbst wenn sie mehrfach in Plastikfolie eingeschweißt sind. Genausowenig wie das Zelt ist das Boot ein geeigneter Aufbewahrungsort. Ein Bär verfügt über enorme Kräfte und kann aus einem stabilen Boot innerhalb weniger Minuten ein Wrack machen. Der Proviant sollte, wenn irgend möglich, so in einen Baum gehängt werden, daß weder ein Schwarzbär ihn kletternd, noch ein Grizzly ihn vom Boden aus erreichen kann. Am besten ist es, man sucht sich einen stabilen Ast, der weit genug vom Stamm absteht, über den man sein Seil wirft, mit dessen Hilfe dann der Proviant hochgezogen wird und scheinbar frei in der Luft hängt. Findet man einen derartigen Ast nicht, kann die Leine auch zwischen zwei Bäumen befestigt werden. Gibt es überhaupt keinen Baum, dann sollte man zumindest den Proviant in einiger Entfernung von Zelt und Boot auf einen Haufen legen, ihn mit Steinen und Treibholz beschweren und einen ungebetenen Besucher gegebenenfalls durch lautes Topfscheppern, Kanonenschläge, Leuchtkugeln oder, falls ein Gewehr vorhanden ist, durch Schüsse in die Luft vertreiben. Bären mögen nämlich keinen Lärm, und so besteht eine berechtigte Hoffnung, daß sich der Bär erschrocken zurückzieht. Auch Süßigkeiten, Zahnpasta, Seife oder andere kosmetische Mittel gehören unter gar keinen Unständen ins Zelt! Auch wenn wir vielleicht nicht auf den Gedanken kämen, eine Flasche Sonnenöl oder eine Tube Zahnpasta zu vertilgen – ein Bär hat da ganz andere Vorstellungen. So sollte immer nur so viel Proviant mit ins Zelt genommen werden, wie unmittelbar aufgegessen werden kann, alles andere, einschließlich Kochgeschirr und Kosmetikbeutel, muß außerhalb des Zeltes sicher verstaut werden. Abfall sollte nach Möglichkeit nicht vergraben, sondern verbrannt werden. Auch unbrennbares Verpackungsmaterial, wie zum Beispiel Aluminiumtüten, sollte ruhig im Feuer ausgeglüht werden, bevor man sie in die mitgeführte Mülltüte legt, da auf diese Art und Weise die meisten Geruchsstoffe vernichtet werden. Niemals darf Müll zurückgelassen werden, da Bären dann eine Verbindung zwischen Mensch und Nahrung herstellen und somit wirklich gefährlich werden können. Die meisten Unfälle mit Bären passieren in den Nationalparks, in denen leider Gottes immer wieder unvernünftige Besucher Bären füttern oder Müll einfach wegwerfen. Die Bären erkennen dann irgendwann einmal, daß bei Menschen immer etwas Eßbares vorhanden ist und stellen sich entsprechend darauf ein. Ein Bär, der einmal diese Angewohnheit angenommen hat, ist eine ständige Gefahr und muß in den meisten Fällen getötet werden – nicht etwa, weil das Tier von Natur aus böse ist, sondern ganz einfach deshalb, weil die Menschen zu einfältig und dumm sind, den Aufforderungen Folge zu leisten, die überall deutlich sichtbar angebracht sind und in denen das Füttern von wilden Tieren, einschließlich Bären, strengstens untersagt wird. Am Nahanni geschah es zweimal, daß Schwarzbären durch unser Lager gezogen sind. Die Bären beobachteten uns dabei zwar genau, zeigten aber keinerlei Interesse für unseren Proviant oder unsere Zelte und zogen gemächlich davon. Grizzlybären gelten zu Recht als unberechenbarer und gefährlicher als Schwarzbären. Wenn man einen Grizzly in der Nähe des Lagers gesehen oder auch nur frische Spuren von ihm entdeckt hat, sollte man unbedingt seinen Lagerplatz räumen und ein gutes Stück weiterfahren, um an sicherer Stelle zu lagern. Eisbären können von allen Bärenarten die gefährlichsten sein. Zur Beruhigung sei aber gesagt, daß es sie am Nahanni nicht gibt.

Wer, allen Vorsichtsmaßnahmen zum Trotz, doch von einem Bären angegriffen wird, kann sich eigentlich nur noch auf den Boden werfen, die Knie anziehen, den Kopf auf die Brust senken und die Hände im Nacken verschränken und tot spielen. Vielleicht wird der Bär seinen Angriff in letzter Sekunde abbrechen und erkennen, daß ihm keine Gefahr droht. Vielleicht wird er einem auch mal den Rücken kratzen oder einen hin und her trudeln. Ich möchte eine derartige Situation weiß Gott nicht erleben, aber immerhin ist es noch besser, von einem Bären mißhandelt als gleich gefressen zu werden. Diese geschilderte Situation wäre aber auch ein absoluter Extremfall, der, wenn überhaupt, nur sehr, sehr selten vorkommt. Aber dennoch meine ich, daß man auch solche Situationen erörtern und sich mit der bloßen Möglichkeit auseinandersetzen sollte. Es gibt nun einmal Bären im kanadischen Busch, und mit einer Verharmlosung dieser Tiere ist genausowenig gewonnen wie mit einer Verteufelung. Man muß halt für alle Dinge das rechte Maß finden. Wer eine solche Reise plant, sollte sich am nächsten Silvester einige große Kanonenschläge kaufen und diese absolut wasserdicht verpacken. Ein lauter Kanonenschlag wirkt Wunder, und damit hätte er auch die einzige sinnvolle Anwendung gefunden, die ich mir bei diesen Knallern vorstellen kann.

# Ausrüstung

Das Thema »Bootstyp« habe ich bereits abgehandelt. Ergänzend wäre vielleicht noch zu sagen, daß natürlich einige Reservepaddel mitgeführt werden müssen, denn die kann man bei einer Kenterung leicht verlieren, und ohne sie paddelt es sich nun einmal schlecht. Ich gehe davon aus, daß nur derjenige sich an den Nahanni heranmacht, der bereits über einschlägige Paddelerfahrung verfügt und auch nicht zum ersten Mal über einen längeren Zeitraum hinweg im Busch gelebt hat. So schön das Wetter auf unserer Tour gewesen ist, so schlecht kann es auf einer anderen sein. Langanhaltende Regenfälle und ein kaltes und feuchtes Klima können eine solche lange Flußfahrt schon recht strapaziös werden lassen. Wer dann zudem noch über eine schlechte oder unzweckmäßige Ausrüstung verfügt, wird diesen Trip so schnell nicht vergessen und vielleicht sogar gänzlich den Spaß daran verlieren. Es ist zwar falsch zu glauben, daß eine gute Ausrüstung bereits die halbe Rate zum Erfolg ist, allerdings kann eine schlechte oder fehlerhafte Ausrüstung auch zusätzliche Gefahrenmomente heraufbeschwören. Wer nicht mehr richtig schlafen kann, weil sein Schlafsack naß und feucht ist, wird nach einigen Tagen nicht mehr die gleiche Spannkraft aufweisen wie jemand, der die Nächte in einem warmen und trockenen Schlafsack verbringt. Wer unausgeschlafen und erschöpft ist, ist potentiellen Gefahrenmomenten gegenüber viel anfälliger als jemand, der fit und ausgeruht ist. Ich habe das Thema »Ausrüstung« bereits ausführlich in meinen Büchern »Abenteuer Arktis«, »Spuren im Eis« und »Im Faltboot um Kap Hoorn« behandelt. Viele Gegenstände, die beispielsweise auf der Kap Hoorn-Expedition Verwendung gefunden haben, sind auch für den Nahanni geeignet. Wer also weitere Anregung hinsichtlich der Ausrüstungsgegenstände braucht, sollte einmal dort nachlesen. Für den Nahanni haben wir folgende Ausrüstungsgegenstände mitgeführt:

## Checkliste

BEKLEIDUNG:

- ☐ Unterwäsche Polypropylen, wie z. B. die Lifa-Wäsche von Helly Hansen
- ☐ Unterwäsche warm (Faserpelz oder Wolle)
- ☐ Strapazierfähige Hose für Wanderungen und Lagerarbeiten
- ☐ Shorts
- ☐ T-Shirts
- ☐ Flanellhemd
- ☐ Warmer Pullover
- ☐ Diverse Socken
- ☐ Eine warme Jacke
- ☐ Regenkleidung (Gore Tex oder ähnliche Materialien)
- ☐ Leichte Wander- oder Bergstiefel
- ☐ Handschuhe
- ☐ Mütze
- ☐ Sonnenbrille
- ☐ Kälteschutzanzug (Trockenanzug oder Neopren)
- ☐ Neoprenschuhe
- ☐ Wildwasserhelm
- ☐ Schwimmweste
- ☐ Knieschützer (nur für Kanufahrer)

LAGERBEDARF:

☐ Zelt
☐ Isoliermatten
☐ Ein warmer Schlafsack, der auch für Minusgrade geeignet ist (unbedingt Kunstfaserfüllung, da Daunenfüllung zu schnell feucht wird und schlecht trocknet!)
☐ Wasserdichte Säcke bzw. Kanister für die Ausrüstungsgegenstände
☐ Kochgeschirr
☐ Kocher
☐ Ein kleines Beil
☐ Eine Säge
☐ Taschenmesser
☐ Streichhölzer und Gasfeuerzeuge
☐ Toilettenpapier
☐ Ein Erste-Hilfe-Set
☐ Teller, Gabel und Löffel
☐ Einen Becher
☐ Aluminiumfolie
☐ Taschenlampe
☐ Angel
☐ Biologisch abbaubare Seife

SONSTIGES:

☐ Kompaß
☐ Landkarten
☐ Schreibzeug
☐ 15 bis 20 Meter Seil pro Boot
☐ Toilettenartikel
☐ Sonnenmilch
☐ Schwamm und Schöpfbecher für die Boote
☐ Flick- und Reparaturzeug
☐ Klebeband

KAMERAAUSRÜSTUNG:

| | |
|---|---|
| ☐ Leica R 4 | 2 Gehäuse |
| ☐ Motor-Winder | 1 |
| ☐ Fisheye-Elmarit | 2,8/16 |
| ☐ Elmarit | 2,8/24 |
| ☐ Vario-Elmar | 4,5/75–200 |
| ☐ Macro-Elmarit-R | 2,8/60 |
| ☐ Pol-Filter zirk. | |

☐ Unterwasserkamera Nikonos IV mit 35 mm Objektiv

*Filmmaterial:*

☐ Ektachrome 64
☐ Ektachrome 200
☐ Ektachrome 400
☐ Kodakchrome 64

LANDKARTEN:

Für die Nahanni-Region gibt es topographische Landkarten im Maßstab 1:250 000. Es ist zwar nicht ganz einfach, anhand eines solch großen Maßstabes zu navigieren, es ist aber das Beste, was man bekommen kann. Lediglich für den Nationalpark gibt es bessere Flußkarten. Die im folgenden aufgeführten Karten decken den South Nahanni, den Little Nahanni und den Flat River ab.
Sie sind entweder über das

Map Distribution Office
Department of Energy, Mines and Resources
Ottawa, Ont. K 1 A O E 9 / Canada

zu beziehen, oder über das

Geo-Center
Honigwiesenstraße 25
7000 Stuttgart 80

oder über den

Konrad Stein-Verlag
Burgstraße 4
2300 Kiel 1

oder über die

Globetrotter-Ausrüstungen
Wiesendamm 1
2000 Hamburg 60

oder über Buchhandlungen und sonstige Ausrüstungsgeschäfte. Die einzelnen Blätter tragen die Bezeichnungen:

| | | |
|---|---|---|
| Nr. | 95 E | Flat River |
| | 95 F | Virginia Falls |
| | 95 G | Sibbeston Lake |
| | 95 L | Glacier Lake |
| | 105 H | Frances Lake |
| | 105 I | Nahanni |

Diese Karten sind fast nie vorrätig und müssen daher stets bestellt werden. Dabei können einige Wochen ins Land gehen, bevor man endlich die Karten in den Händen hält. Es ist daher angebracht, die Landkarten rechtzeitig zu bestellen. Außerdem sollte man besser zwei vollständige Kartensätze mitführen und diese getrennt voneinander wasserdicht verpacken. Allzuleicht kann mal eine Karte verlorengehen oder unbrauchbar werden.

## Ernährung

Es gibt eine ganze Reihe von Eigenschaften, die ich bei meinem Freund Jeff Scott zu schätzen weiß. Eine dieser Eigenschaften, die mich immer wieder erstaunt und die bei Brigitte wahre Begeisterungsstürme auslöst, ist seine Fähigkeit, auch unter den spartanischten Bedingungen eine opulente Mahlzeit zu zaubern. Jeff ist ein Pedant! Wenn er kocht, dann darf kein anderer den Topf umrühren, das Feuer schüren oder gar abschmecken. Er sitzt dann mit Inbrunst vor seinen brodelnden Töpfen, vergißt alles um sich herum und kocht, brät und backt, bis ihm der Schweiß auf der Stirn steht. Während ich auf solchen Reisen mit einem wahren Wolfshunger alles in mich hineinschaufle, was mir auf den Teller kommt und dabei oft genug großzügig darüber hinwegsehe, daß mein Müsli vielleicht mit Moskitos oder Tannennadeln gespickt ist, sitzt Jeff ein wenig indigniert vor seinem Klacks Müsli und gräbt solange darin herum, bis er auch das letzte Fliegenbein aussortiert hat. Am schlimmsten ist es beim Brotbakken. Obwohl er jeden Abend drei hungrigen Augenpaaren ausgesetzt war, die ihn mit vorwurfsvollen Blicken durchbohrten, ließ Jeff sich nicht aus der Ruhe bringen. Der Teig wurde nochmals kräftig durchgeknetet, hier eine Prise Salz, dort noch etwas Mehl zugefügt, die Temperatur des Feuers war grundsätzlich falsch, und so dauerte es mitunter Stunden, bevor wir das Brot seiner Bestimmung zuführen konnten. Aber wenn es soweit war, dachte auch keiner von uns mehr daran, mit Jeff ein ernstes Wort zu sprechen – denn das, was er uns nach langer Wartezeit servierte, war einfach super! Stets war er auch für eine Überraschung gut. So überraschte er uns morgens mit Rührei, das er aus Eipulver und Trockenmilch fabriziert hatte, es gab diverse Säfte und alle paar Tage einen Pudding oder Erdnußbutterkekse. Sein Einfallsreichtum und Improvisationsgeschick schien unerschöpflich. So hatte er es sich natürlich auch nicht nehmen lassen, den Proviant für diese Tour eigenhändig zusammenzustellen. Für eine vierköpfige Gruppe für etwa 30 Tage einen Ernährungsplan zusammenzustellen, ist nicht ganz einfach. Jeff ist dies meisterlich gelungen. Bei meinen vorangegangenen Expeditionen habe ich stets der Ernährung großen Wert beigemessen. Da man nicht selbst alles wissen kann, habe ich mich von Ärzten beraten lassen und mir mit deren Hilfe eine Diät zusammengestellt. Dies alles war stets nahrhaft und wohlschmeckend, allerdings bin ich selbst kein so geduldiger und begeisterter Koch, wie es bei Jeff der Fall ist. So war auf meinen früheren Reisen das Essen reine Nahrungsaufnahme, eine Energiezufuhr für den Körper. Jeff hingegen hat diesen Vorgang zu einem stilvollen Ereignis werden lassen. Auf Speisepläne beziehungsweise auf ernährungstechnische Grundlagen bin ich in meinem beiden Büchern »Abenteuer Arktis« und »Spuren im Eis« ausführlich eingegangen. Deshalb möchte ich hier nur einige ergänzende Menüvorschläge machen, die von Jeff mit eingebracht wurden und die ich für außerordentlich gut halte.

Da wäre zunächst ein Müsli oder »Grenola«, wie Jeff es nennt. Das Rezept für etwa 9 Kilogramm sieht wie folgt aus:

7 Tassen Honig
2 Tassen Sonnenblumenöl
beides miteinander vermischen und erwärmen.
An Gewürzen werden hinzugegeben:
etwa 9 Löffel Zimt, Ingwer, Salz und Vanille.
Ferner nehme man:
etwa 2½ bis 3 kg Haferflocken, die ruhig unterschiedlich sein sollen, um das Ganze interessanter zu machen,
etwa ½ kg geraspelte Kokosnuß
½ kg Sonnenblumenkerne
½ kg Sesamkerne

Diese Bestandteile werden dem mittlerweile warmen Honigölgebräu zugegeben und so lange umgerührt, bis alles gut durchgezogen ist. Anschließend verteilt man diese Masse auf Ofenblechen und läßt sie bei sehr geringer Hitze (nicht mehr als 100°

C) erwärmen. Da es selbst bei geringer Hitze sehr leicht verbrennt, sollte man den Trockenvorgang immer wieder unterbrechen und dem Grenola Zeit geben, sich abzukühlen. Die Gesamttrockendauer beträgt ca. fünf Stunden. Man muß also schon ein wenig Geduld mitbringen. Wer ungeduldig ist und meint, mit höheren Temperaturen arbeiten zu müssen, der sollte lieber gleich die Finger davonlassen. Das ganze Gemisch wird dann nämlich sehr schnell verbrennen und ungenießbar werden.
Nachdem der Trockenvorgang abgeschlossen ist, leert man die Ofenbleche in einen großen Eimer und lockert das Grenola mit den Händen ein wenig auf. Anschließend werden Trockenfrüchte, wie zum Beispiel Äpfel, Bananen, Aprikosen usw. hinzugegeben, es folgen Nüsse, Schokoladenkugeln, Rosinen, Mandeln und was immer einem noch in den Sinn kommt. Dem Erfindungsreichtum bei der Herstellung von Grenola sind keine Grenzen gesetzt. Nachdem alles gut vermengt ist, wird es in einzelne, absolut wasserdichte Behälter verpackt und zur gegebenen Zeit wieder herausgeholt. Wir haben das Grenola meistens mittags gegessen, und zwar ohne Milch, sondern einfach so, wie es aus der Tüte kam. Grenola sättigt nachhaltig, schmeckt ausgesprochen gut und ist jederzeit verfügbar. Man braucht anschließend nicht einmal Geschirr zu spülen.

**»Bannock«** (das Trapperbrot)
Wenn Jeff sagt, er will Brot backen, dann meint er auch Brot und nicht irgendwelche verkohlten und steinharten Fladen, wie sie einem gelegentlich an einem Lagerfeuer angeboten werden. Die Grundstoffe zum Bannock sind

Mehl
ein wenig Haferflocken
1 gehäufter Teelöffel Backpulver
Salz und
Milchpulver.

Das Ganze wird mit ein wenig Wasser vermengt, und bei der Bemessung der Wassermenge zeigt es sich, wer ein guter Bannockbäcker und wer ein schlechter ist. In den meisten Fällen wird nämlich immer viel zu viel Wasser hinzugefügt, mit dem Resultat, daß eine glitschige, klebrige Masse entsteht, die eher mit PVC-Kleber Ähnlichkeit hat als mit einem Brotteig. Der Teig muß nämlich ausgesprochen trocken sein, und es darf nur so viel Wasser zugefügt werden, daß man einen losen, bröckeligen Teig erhält, der lange und sorgfältig durchgeknetet werden muß. Anschließend nimmt man eine Pfanne oder ein kleines Backblech, fettet diese gut ein und formt den Teig dort hinein. Das Ganze setzt man jetzt entweder auf Holzkohlenglut, die allerdings keine zu starke Hitze entwickeln darf, weil sonst der Boden verbrennt, oder aber in einigem Abstand über einen Kocher, der auf kleiner Flamme brennen sollte. Beabsichtigt man, mit dem Kocher Brot zu backen, dann sollte man sich ein kleines zusammenlegbares Metallgestell mitnehmen sowie Aluminiumfolie, um daraus eine Art Haube zu formen, die über die Backform und die Flamme des Kochers gestülpt wird. Auf diese Art und Weise wird die Hitze der Flamme gut eingefangen, das Brot wird wie in einem Backofen relativ gleichmäßig erhitzt. Diese Technik ist am Anfang ein wenig gewöhnungsbedürftig und bedarf einiger Übung. Einfacher ist es, den Bannock auf Holzkohle zu backen, wobei er allerdings nach einiger Zeit gewendet werden sollte, um der anderen Seite die nötige Hitze zuzuführen. Bannock ist eine großartige Sache und ist mit einiger Übung schnell und leicht herzustellen. Allerdings sollte jeder, bevor er die Reise antritt, einige Backproben absolviert haben, um Überraschungen vorzubeugen.

Ein nahezu obligatorischer Bestandteil der täglichen Nahrung sollte das **»Cathay«** sein. Cathay ist dem indianischen Pemmikan nachempfunden, nur daß es viel besser schmeckt und auch nach modernen ernährungswissenschaftlichen Erkenntnissen abgerundet ist. Cathay gibt es in verschiedenen Geschmacksrichtungen und eignet sich zum Beispiel hervorragend als Aufstrich für einen frisch gebackenen Bannock. Der Preis mag zwar im ersten Moment etwas hoch erscheinen, wenn man sich aber einmal die Analyse vornimmt und sieht, was alles darin enthalten ist, dann ist der Preis durchaus in Ordnung. Leider ist es immer noch schwierig, Cathay in Geschäften zu bekommen. Gut sortierte Globetrotterläden führen es aber mittlerweile, und sonst kann es über den Hersteller

Metzmacher
Apfelstraße 53
5138 Heinsberg

bestellt werden.

Gutes Essen hält Leib und Seele zusammen – an diesem Ausspruch ist gewiß etwas dran. Wenn man dann noch einen Koch wie Jeff zur Seite hat, kann eigentlich nichts mehr schiefgehen.

# Bibliographie

*The Dangerous River,* R. M. Patterson, Grey Publishing Co., Sidney, B. C.
*Nahanni Trailhead,* J. Ronan Moore, Deneau & Greenberg Ottawa
*Nahanni,* Dick Turner, Hancock House Publishing, Saanichton, B. C.
*Nahanni,* Roger Frison Roche, List Verlag
*Kanada Story,* Elmar Engel, Busse Verlag
*National Geographic,* Vol. 160, No. 3, September 1981
*Nahanni Nat. Park,* Historical Resources Inventory Vol. III, by W. D. Addison
*Guide to South Nahanni and Flat Rivers,* Parks Canada